心学心解

王阳明的良知之道

陈海威　著

ZHEJIANG UNIVERSITY PRESS
浙江大学出版社
·杭州·

图书在版编目（CIP）数据

心学心解：王阳明的良知之道 / 陈海威著. -- 杭州：浙江大学出版社，2022.12
ISBN 978-7-308-23306-4

Ⅰ. ①心… Ⅱ. ①陈… Ⅲ. ①王守仁（1472-1528）—心学—研究 Ⅳ. ① B248.25

中国版本图书馆 CIP 数据核字 (2022) 第 226112 号

心学心解：王阳明的良知之道

陈海威 著

责任编辑 余健波
责任校对 何 瑜
封面设计 项梦怡
出版发行 浙江大学出版社
（杭州市天目山路 148 号 邮政编码 310007）
（网址：http://www.zjupress.com）
排 版 驰越图文
印 刷 杭州钱江彩色印务有限公司
开 本 710mm × 1000mm 1/16
印 张 18.5
字 数 180 千
版 印 次 2022 年 12 月第 1 版 2022 年 12 月第 1 次印刷
书 号 ISBN 978-7-308-23306-4
定 价 59.00 元

浙江大学出版社市场运营中心联系方式：0571-88925591；http://zjdxcbs.tmall.com

前　言

王阳明（1472—1529），名守仁，字伯安，浙江绍兴府余姚县（今属宁波余姚）人。因曾筑室于会稽山阳明洞，自号阳明子，世称“阳明先生”，亦称王阳明。王阳明是明代著名的思想家、文学家、哲学家和军事家，弘治十二年（1499）进士，历任刑部主事、贵州龙场驿丞、庐陵知县、右佥都御史、南赣巡抚、两广总督等职，晚年官至南京兵部尚书、都察院左都御史，因平定宸濠之乱有功而被封为新建伯，隆庆年间追赠新建侯，谥文成，故后人又称其为王文成公。

在浙江余姚的王阳明故居，游客会在寿山堂内明间廊下看到一块牌匾，上面有著名书法家姜东舒题写的“真三不朽”四个大字。“三不朽”出自《左传》，原文是：“太上有立德，其次有立功，其次有立言，虽久不废，此之谓不朽。”意思是：一个人在世间的生命有限，要想在死后被人们铭记（不朽），一般来说只有三种途径：最高级的是拥有高尚的道德情操（如孔子、屈原），其次是建立伟大的功勋业绩（如秦始皇统一六国、郭子仪平定安史之乱、郑和七次下西洋），再其次是确立独到的论说言辞（如老子写了《道德经》、司马迁作《史记》)。“三不朽”历来被儒家认为是人生的最高境界，一般人能做到其中一项就非常了不起，能同时做到三项的世所罕见。据说在中国历史上能做到“三不朽”的人只有两个半，即人们常说的“两个半圣人”。其中“半个圣人”指的是曾国藩，“半个”的意思是指曾国藩还不够完满；“两个圣人”有两种说法，一种说法是孔子和王阳明，另外一种说法是诸葛亮和王阳明。两种说法谁更科学我们在此不做讨论，但有一点可以肯定，中国历史上公认做到“三不朽”的人中，王阳明应该算一个。这一点可以从前人对他的评价看出来，如明末清初的魏禧认为:“阳明先生以道德之事功，为三百年一人。”清代王士祯说:“王文成公为明第一流人物，立德、立功、立言，皆居绝顶。”

王阳明的人生充满了传奇色彩。在学术上，他精通儒释道，开创了阳明心学，是心学集大成者，与孔子、孟子、朱熹并称为孔、孟、朱、王；在军事上，他用兵如神，屡建奇功，《明史》评价他:“终明之世，文臣用兵制胜，未有如守仁者也。当危疑之际，神明愈定，智虑无遗，虽由天资高，其亦有得于中者欤。”可以说，在文人中，他仗打得最好；在将领中，他学问做得最大。正如梁启超评价王阳明:“他在近代学术界中，极其伟大，军事上、政治上，多有很大的勋业。”

钱穆先生认为中国经典中有七部书是人人应该读的，王阳明的《传习录》就是其中之一(其他几部分别为《论语》《孟子》《老子》《庄子》《六祖坛经》《近思录》)。王阳明心学作为中华优秀传统文化的代表，无疑是值得我们去认真了解的，但对现代人而言，直接读原著可能有一定的难度，原因大概有三个。

首先，《传习录》是王阳明的弟子模仿《论语》的写作体例，记录下来的一些日常生活对话，缺乏理论体系，对初学者而言，往往难以把握其内在的逻辑体系。

其次，王阳明精通儒释道，早年曾经沉溺于道家，也深究过禅宗，虽然他的思想最终归旨于儒家，但就个人学问和修养而言，他从道家和禅宗那里借鉴颇多，这就导致一个典型现象：他一方面反对佛老，另一方面在教学中却常常对道家和禅宗的典故信手拈来，呈现出一种三家混杂的讲学方法。这种貌似矛盾的做法也很容易对读者造成困扰。

最后，“致良知”的内涵非常丰富。王阳明把自己的学说归结为“致良知”，从文字表面意思上看，“致良知”的意思就是严格按照良知的指示去行动，善的去做，恶的去除。道理似乎非常简单，但在心学的语境中，良知学说的内涵却包罗万象。在《传习录》里，“良知”有时等同于《道德经》中的“道”，有时等同于《易经》中的“易”。“致良知”既是《大学》的“格物致知”，也是《中庸》里的“致中和”，甚至在王阳明看来，“致良知”涵盖了儒释道的一切精华。良知学说被王阳明赋予了如此丰富的内涵，确实让初次接触阳明心学的读者难以把握。

另外，一个人头上的光环太多，也很容易被摆上神坛，久而久之，就成了膜拜的对象。人们逐渐习惯以一种欣赏的眼光去玩味，反而忽略了他作为平凡人的一面。这就如同看戏，舞台上光鲜亮丽的一面其实并不是演员的全部人生。要想了解一个演员的真实生活，最好的办法是在他们卸妆之后，看看他们在俗世中柴米油盐的烟火人生。王阳明就是一个头顶巨大光环的人，部分历史著作对王阳明及其心学有“神化”的倾向，这种“神化”对读者的意义其实并不大。具有意义的做法是关注他“神化”背后的真实人生，探究他真实生活中的人性特质。

出于个人兴趣，七年前我开始接触阳明心学，结果发现自己掉入了一个环环相扣的迷宫，要想了解一个概念，必须先弄懂另外一个概念，要想看懂这本书，必须先看懂另外一本书。例如对“良知”“天理”“私欲”“一体之仁”“性体”“心体”等概念的理解，都需要结合其他典籍才能理清脉络、把握内涵，否则无法读懂阳明心学。如此跌跌撞撞，摸索前行，几年下来，逐渐对阳明心学有了一点个人体会，但是其中的曲折和艰辛只有自己知道。当然，学习阳明心学的过程中也充满了惊喜。中国传统文化的很多问题在阳明心学中都能找到答案，而阳明先生的睿智和风趣讲解也常常令人拍案叫绝。这是一种奇特的体验：探索的过程是痛苦的，但收获时的甜蜜也是巨大的。正是这种“痛并快乐着”的复杂感受促使我产生了一个想法：能否结合自己学习阳明心学的心路历程和体会写一本书？ 这本书应该包括两方面的内容，一是用尽量简短的篇幅把阳明心学介绍给读者；二是把王阳明作为平凡人的一面呈现出来。

2020年是非常特殊的一年，突如其来的新冠肺炎疫情席卷全球，改变了很多人的生活方式。疫情期间，我开始动笔写作本书，初稿在年底前完成，基本上保持了最初的想法。

本书在结构上分为上、下两个部分。第一部分共五章，前四章是对王阳明生平的简单介绍，采用的是史论结合的写法。在写作过程中，我查阅了大量资料，尽量采用最新的研究成果和结论，希望能最大化还原王阳明真正的人生。因为我深信：只有知道一个人经历了什么，才能了解他当时所言所行的真正意义。为了控制篇幅，我采用了粗线条的写作手法，对王阳明的生平事迹只作梗概式的介绍。在此基础上，第五章对阳明心学的发展历程进行了梳理，方便读者从宏观上把握阳明心学的发展脉络。第二部分共七章，围绕阳明心学的几个主要哲学问题展开。前四章分别介绍了“心即理”“知行合一”“致良知”“事上磨炼”等几个阳明心学的核心命题；第五章、第六章结合“四句教”对阳明心学的“功夫”与“本体”“致良知”与“致中和”之间的关系进行了分析；最后一章则简单阐述了阳明心学在当代的价值。

孟子说：“学问之道无他，求其放心而已矣。”当今社会，人类在科技创新和物质文明方面已经取得了长足发展，但对自身的心灵空间和精神世界的研究才刚刚起步。随着物质世界的快速发展，心灵和精神世界的需求必将越来越受到人们的重视。阳明心学作为中华优秀传统文化的代表，浓缩了儒释道修养身心的精华，对当代人认识和解决自身的心灵和精神问题有极好的借鉴意义，也有利于和谐社会乃至人类命运共同体的构建。

限于个人水平，本书难免会有一些不足之处，恳请广大读者提出批评意见。

2021年6月写于杭州

目录

上　王阳明生平及其思想发展历程

下　阳明心学的主要内容及当代意义

上

王阳明生平及其思想发展历程

第一章　另类的少年

1. 瑞云降生，改名风波

据考证，王氏家族最早可以追溯到太原王氏，在秦汉时，王元一支迁居山东琅琊，成为琅琊王氏的始祖。随后，王氏家族开始不断繁衍，分居各地。西晋末年，王览的孙子王导渡江至金陵，成为金陵乌衣王氏始祖；王览的曾孙王羲之则迁居绍兴，成为绍兴王氏的始祖（王羲之的父亲王旷与王导是堂兄弟关系）。根据钱德洪编写的《阳明先生年谱》和黄绾、胡俨、戚澜等撰写的《世德纪》相关篇章的说法，王阳明是王羲之的后代，但这一说法遭到学术界的质疑。如诸焕灿、束景南等学者经过考证，认为王阳明是金陵乌衣王氏的后代，其祖上王季在南宋末年从上虞达溪迁居到余姚秘图山，与王羲之的绍兴王氏并不是一脉。[①]

① 有关王阳明祖上的考证详见诸焕灿：《王阳明世系考索》，《浙江万里学院学报》，2001 年第 4 期，第 52-56 页；束景南：《阳明大传："心"的救赎之路》，复旦大学出版社，2020 年版，第 26 页。

虽然王阳明祖上为何人这一悬案尚待破解，但不可否认，王家历史上出了不少名人。如汉晋时期的王祥、王览兄弟，二人以孝悌出名，分别是“二十四孝”中“卧冰求鲤”和“二十四悌”中“王览争鸩”的主人公；王导辅佐司马睿建立东晋，为开国元勋，被封武冈侯；东晋时期的大书法家王羲之就算不是王阳明的始祖，也与王阳明祖上大有渊源；此外，王阳明的六世祖王纲在洪武年间为国捐躯，因忠义受到嘉奖，也颇有名气。

王纲生活在元末明初，他生性豪放，颇有才华，与诚意伯刘基（刘伯温）私交很好。明朝建国后，因刘基举荐，王纲被朱元璋征召赴京，授予兵部郎中职务，并被派往广东处理事务。王纲带着儿子王彦达赴任，不幸途中遇海盗被俘。海盗很器重王纲的才能，邀其入伙，王纲大义凛然，坚决不从，并大骂不止。海盗恼羞成怒，杀死了王纲。其子王彦达痛不欲生，欲与父亲一同赴死。他们父子二人父忠子孝，令海盗动容。海盗认为再杀死王彦达不祥，就以礼相待，允许王彦达带着父亲的尸体离开。洪武年间，战乱不断，朝廷对王纲的遇难似乎没有特别重视，王彦达埋葬父亲后，对宦途心灰意冷，决定在老家躬耕养母，终身不仕，过起了半耕半隐的小农生活。从此这一家族传统延续了几代人，余姚王氏也因此更加衰落。

到了王阳明祖父王伦这一代，王家仍然延续着终身不仕的传统。王伦以教书维持生计，日子算不上富贵，勉强可以维持生计。他平时喜欢读书、写字，酷爱竹子，因此被人们称为“竹轩公”。王伦自己因为家贫母老，终身未参加科举，他将家族重振的希望寄托在了儿子王华身上。

王华是王阳明的父亲，字德辉，号实庵，晚年号海日翁，是王氏家族复兴的关键人物。在明朝，穷人家要想出人头地，参加科举考试是不二选择。身为教书先生的王伦，自然非常重视对儿子王华的教育和培养。王华小时候读书非常用功，堪称学霸，他不但成绩优异，而且品德高尚，小小年纪就因拾金不昧美名远扬，在乡亲眼里是名副其实的好青年。

王华虽然才华横溢，名满乡里，但是他的科举之路并不顺利。从天顺六年（1462）到成化十六年（1480），经过十八年的漫长努力，三十四岁的王华才在乡试中考中举人。作为学霸，这一现象实在匪夷所思。不过，令人没有想到的是，王华通过乡试后，厚积薄发，势如破竹，在成化十七年（1481）殿试中一举考中状元，立即名满天下，家喻户晓，令无数人家羡慕不已。

翰林院是明朝读书人考中功名后最理想的去处，根据惯例，状元可直接获得这个待遇。王华获授翰林院修撰，成为名正言顺的朝廷命官，光宗耀祖，给败落的王家带来了转机。那一年，王华三十五岁，王阳明也已经年满九岁。

现在轮到本书的主人公——王阳明正式出场，需要先补叙一下他的出生和身世。

成化七年（1471），王华娶郑氏为妻，租住在余姚的莫氏楼（后改名为瑞云楼）。婚后，因为要谋生，王华先后在多地担任过塾师，甚至远赴湖南祁阳工作过。由此可见，王家早期还是需要打工来维持日常生活的，王阳明的出身并不是有些人所说的大地主家庭。

王阳明的母亲郑氏因为怀孕，没有跟随丈夫外出，一直待在余姚家里。按照民间说法，怀胎十月，婴儿就应该出生，可是郑氏怀胎十四个月还是没有生产的征兆，这让王家人有几分担心，但当时也没有B超等现代检查设备，只能焦急地等待。据《年谱》记载，王阳明的祖母岑氏某晚做梦，见天上祥云中飘下一位神人，把一个婴儿递给了她，岑氏高兴地从梦中醒来，就听到孩子的哭声，祖父王伦得知消息后非常高兴，就根据这个梦给孩子起名为王云，并把“莫氏楼”改为“瑞云楼”以作纪念。

王阳明小时候的名字是王云，为什么后来又改名为王守仁呢？原来，小王云五岁的时候还不会讲话，这在儿童成长过程中是不正常的，按照现代医学的说法，这种现象可能会被诊断为发育迟缓或者自闭症，是需要进行医学干预的。可是古代还没有这些医学知识，王家人只能为此暗暗着急。有一天，王云和一群小伙伴在外面玩，一个和尚从村子里经过，见到他后，摸了摸他的头，怜惜地说：“多么好的一个孩子啊，可惜道破了。”这件事很快传到了王伦的耳中，王伦反复琢磨和尚的话：难道是因为孙子的名字道破了天机？（“云”一方面指出了王阳明瑞云降生，似乎不是凡人；另一方面，“云”

在文言文中也有“说”的意思。）王伦毕竟饱读诗书，满腹经纶，思考几天后，就决定给孙子改名为王守仁。

“守仁”二字出自《论语》，原文是“知及之，仁不能守之，虽得之，必失之”。意思是一个人的智慧达到了，但是仁德不够的话，有的东西虽然暂时得到了，但迟早还是会失去的。这句话的道理与“厚德载物”类似，反映了中华民族历来重视德性的主张，是中国传统文化很重要的一个特征。王阳明五岁不会讲话，不知道是否和名字有关，但是据《年谱》记载，令人惊讶的事情发生了：他的名字改了以后，居然很快就能开口说话了，不仅如此，他还能把王伦平时读的诗背诵出来。这让王伦惊讶不已，更加相信自己这个孙子非同一般。

当然，对于王阳明这些有点神化倾向的记载，我们大可不必太信以为真。在中国古代史传记载中对于一些了不起的人物，提及身世时总能找到一些与众不同的地方，以此证明此人是“天定神授”或者“星宿下凡”等。为王阳明撰写年谱的是他最忠实的弟子之一——钱德洪，增添老师的传奇性是再合情合理不过的事情。其次，从世俗的角度看，这种神化名人的写作手法也很符合大众的心理需求。对于普通读者而言，名人如果没有与众不同之处，哪里还算得上是名人？因此，一个想写，一个愿听，久而久之，就会有很多名人的奇闻逸事流传下来，形成了一种名人传记的典型文化现象。

2. 少年睿智，崭露头角

未考中状元之前，王华为了养家经常要外出教书。王阳明七八岁的时候，王华外出时也会经常带着他，这样一来方便指导王阳明读书学习，二来也可以增加儿子的社会阅历。他们父子二人曾经在海宁等地寓居过，王阳明写的《寓资圣寺僧房》《资圣寺杏花楼》等诗，就记载了他的这段生活经历。

王华考中状元后有了稳定的工作和收入来源，在京城有了住所，就写信给父亲，请王伦带着王阳明到京城居住一段时间。成化十八年（1482），王伦带着十一岁的王阳明从余姚出发，祖孙两人一路北上，船经过江苏镇江时，王伦和几个老友相约在金山寺聚会。文人聚在一起，附庸风雅在所难免。酒过三巡，大家都有点儿跃跃欲试，有人提议即景赋诗，立即得到众人的响应。俗话说文人相轻，这种场合下大家口头上虽然都相互谦让，但实际上不少人暗地里都铆足了劲，想好好展示一下自己的才华。只见现场有人低头沉思，有人来回踱步，有人念念有词，有人默不作声，气氛甚是凝重。正当大家还在苦思冥想的时候，突然听到有人念道：

金山一点大如拳，打破维扬水底天。

醉倚妙高台上月，玉箫吹彻洞龙眠。[①]

① 钱德洪:《年谱一》，《王阳明全集》卷三十三，吴光，钱明，董平，姚延福编校，上海古籍出版社，2012年版，第1001页。（本书中《王阳明全集》如果没有特别标注均指此书）

众人一惊，连声称赞：好诗，好诗！回头一看，作诗的原来是个小孩。众人更加惊奇，询问之下，才知道是王伦的孙子。有人还想再考考王阳明，看他是真的有才华，还是碰巧蒙的，于是就以明月和群山为题，让王阳明再作一首。王伦尚有几分担心，怕难倒小孩子，还想打个圆场就此罢休，没想到王阳明却镇定自如，稍加思索就吟道：

山近月远觉月小，便道此山大于月。

若人有眼大于天，还见山小月更阔。[①]

众人听了连声叫绝。这首诗意境比较独特，类似禅诗，以山与月亮的大小对比，揭示出哲学中相对性的问题。

当然，这首诗和历史上的很多名句相比也许不算什么，但出自一个十一岁的孩子之手，足见王阳明看问题视角的独特性。

3. 读书为圣，志向远大

王华的住所位于京城最繁华的长安西街，这里除了有大兴隆寺、朝天宫等著名佛教和道教的道场外，还有城隍阁、关帝庙、火神庙、马神庙等建筑，每天人来人往，鱼龙混杂。大都市的繁华和气派远非余姚小县城可比，这一切都让初到京城的王阳明觉得既新鲜又兴奋。

王华很重视对儿子的教育工作，为王阳明找了一家比较

① 钱德洪：《年谱一》，《王阳明全集》卷三十三，第1001页。

好的私塾学习。年轻人精力本来就充沛，加上天性好玩、兴趣广泛，王阳明很快就结识了几位新朋友。此时的王阳明在京城简直是如鱼得水，一有机会就和小伙伴混迹在闹市之中，经常出入道场、市井等场所。丰富多彩的童年经历一方面让他大开眼界，另一方面也使他的性格渐渐变得放逸不羁。这种变化让一向处事严谨、注重礼教的王华有点儿担忧。据钱德洪《年谱》记载：

明年就塾师，先生豪迈不羁，龙山公常怀忧，惟竹轩公知之。一日，与同学生走长安街，遇一相士。异之曰："吾为尔相，后须忆吾言：须拂领，其时入圣境；须至上丹台，其时结圣胎；须至下丹田，其时圣果圆。"①

这个相士的故事不知是否属实，但相士说的"圣境""圣胎""上丹台""下丹田"等都是道家修炼的术语，这至少说明王阳明与道家结缘的时间比较早。在父亲王华看来，年轻人要多读圣贤之书，注重言行举止和自身修养，将来参加科举考试取得功名，这样才是比较靠谱的人生正道。

明朝的科举考试竞争是比较激烈的，范进中举的故事大家应该知道，很多文人为了能够进入仕途，没日没夜疯狂读书，这几乎就是生活的全部内容。可王阳明毕竟不是范进，他有自己的想法。一天，十二岁的王阳明在上课时估计是神游了，老师察觉到他的异样，就故意问他："王守仁，你在想什么啊？"老师可能原本想借此批评他两句，没想到这孩子是

① 钱德洪：《年谱一》，《王阳明全集》卷三十三，第1001页。

属猴的——见杆子就爬，竟然一本正经地和老师讨论起了人生“大问题”。事情的经过《年谱》记载如下：

尝问塾师曰：“何为第一等事？”塾师曰：“唯读书登第耳。”先生疑曰：“登第恐未为第一等事，或读书学圣贤耳。”龙山公闻之笑曰：“汝欲做圣贤耶？”①

“学成文武艺，货与帝王家”，这可能是封建科举制度下大多数读书人内心最真实的写照。读书是为了科举，科举是为了金榜题名，这样的逻辑在当时似乎已经被广大读书人奉为圭臬。老师当时这么随口一答，估计也是惯性思维，没有仔细去推敲王阳明的“诡计”。这下子倒好，王阳明抓住了老师的“小辫子”，一本正经地反驳老师说：“您说得恐怕不对吧？我认为读书学圣贤才是人生第一等事。”

这个问题让老师顿时陷入了尴尬，因为从当时的社会现实讲，像范进一样寒窗苦读的人比比皆是，读书人铆足劲儿不就是为了考取功名吗？可是令人感到讽刺的却是：读书人从早读到晚的“四书五经”等儒家经典，篇篇都是教导人如何成为圣贤的。由此可见，明朝文人士子中知行脱节的现象普遍存在，大家所学与所求不一致，所说与所想完全背离。这样的问题不是没人知道，而是大家心照不宣，这如同安徒生童话《皇帝的新装》中的大人，没有人敢去捅破那层窗户纸，而王阳明偏偏扮演了那个讲真话的孩子，和老师较起真来。

《年谱》没有记载老师是如何作答的，只说王华听说此

① 钱德洪：《年谱一》，《王阳明全集》卷三十三，第1001页。

事后的反应是“笑问”。细细品味，这个“笑”似乎不是赞赏，而是带着那么一丝讽刺，因为在王华脑海里，圣人是何等高大！几百年都不能出一个，一个十二岁的孩子不好好读书，居然敢有这种痴心妄想，你有何德何能，真是不知道天高地厚，可笑！可笑！

王华当时一定没有想到，几十年后，他们王家还真的出了这么一个人物。

4. 出走边关，只身探险

明朝是中国历史上朝政混乱的朝代之一，赋税繁重，刑法严酷，国内叛乱此起彼伏，周边外患虎视眈眈，皇族之间权力争斗激烈，宦官与文官集团之间矛盾重重，导致国家机器经常处于瘫痪状态，老百姓更是生活在水深火热之中。

成化二十二年（1486），北部的鞑靼别部那孩率领三万大军入侵大宁、金山，烧杀抢掠，当地百姓携老扶幼逃亡他乡。边关的险情传入京中，大臣们无计可施，而境内又相继发生起义，甚至京畿地区也爆发了石英、王勇的叛乱。内忧加外患，每天的战报接连不断送到宫中，朝廷无力应对，大臣们更是一筹莫展。

王华身居要职，自然能够及时获知这些消息。这些事件对王阳明的内心产生了不小的触动，十四五岁正是血气方刚的年龄，他心中萌发了要成为能安邦定国大将军的梦想。有一天晚上，他甚至还梦见自己拜访了东汉大将马援的伏波庙，并在梦里写了一首诗：

卷甲归来马伏波，早年兵法鬓毛皤。

云埋铜柱雷轰折，六字题文尚不磨。[①]

王阳明有一个特点，就是有了想法就会立即去行动，而且非常投入。他平时读过一些兵法，也学习过骑射，为了能进一步了解边疆情况，他决定亲自去实地考察一番。成化二十二年（1486）某一天清晨，王阳明骑着马，扛着剑，趁着别人还在睡觉时，悄悄走出了家门，孤身前往居庸关。

放学时间到了，王阳明没有回家，王华以为儿子又跑到街上去玩了。可是到了半夜，王阳明还是没有回家，派人去找也没有找到，王华十分生气，但他仍以为儿子只是出去游玩，少则一两天，多则三五天定会回来，他想到时一定狠狠教训他一顿，让他长点儿记性。可是三天过去了，不见人影，五天过去了，没有消息，半个月过去了，还是没有任何线索。随着时间的推移，王华由生气逐渐变得担心起来。过了一个月，王阳明终于回来了，看着儿子一身劳顿的样子，王华又气又心疼。

后来经王阳明自己描述，他这一个月去居庸关外实地考察，辛苦自不必说，还十分刺激。讲起这段冒险经历，王阳明眉飞色舞。尽管王华非常生气，但想到儿子毕竟安全回来，悬着的心终于落地，训斥了王阳明一通也就不了了之。此时

① 钱德洪:《年谱一》,《王阳明全集》卷三十三，第 1001 页。

的王阳明倒是豪情万丈，他认真写了请战书，准备向朝廷请缨征战石英、王勇。王华知道这件事后，气不打一处来，痛斥他狂妄无知。看到父亲发怒了，王阳明只好收起请战书，暂时放弃了自己的将军梦。

将军做不成，研究一下圣贤也不错，王阳明开始大量阅读朱熹的著作，琢磨着如何成为圣人。和其他人一样，王阳明也被困在“格物致知”的大门外，始终不明白什么是“格物”。

十五岁的一天，王阳明和一位姓钱的同学一起玩耍，二人看到王华院子里的竹子突发异想，决定先拿竹子开刀，尝试一下圣人的“格物”的学说。他们不知如何去“格”，想当然地盯着竹子苦思冥想。钱同学三天就病倒了，决定放弃。王阳明有点不屑，他体格好，意志力坚定，比钱同学多“格”了四天，七天后也同样病倒。这就是历史上著名的“阳明格竹”[①]典故，至于王阳明失败的原因，后面章节会专门提到，此处先不赘述。

---

① 钱德洪在《阳明先生年谱》中记载“格竹”发生在二十一岁。对二十一岁的说法，学界有不同的看法。如熊毅先生对此表示质疑，认为王阳明二十一岁才接触朱熹的格物理论不可思议（详见熊毅著《王阳明：一切心法》第83页）；陈来先生认为《年谱》有误，“格竹”应发生在王阳明十八岁以前（详见陈来著《有无之境——王阳明的哲学精神》第313页）；束景南先生认为钱德洪把“格竹”写在《年谱》里的二十一岁无误，是钱德洪对此事的回忆说法，二十一岁“格竹”说法纯属后人误解。根据束景南先生考证，认为“格竹”发生在成化二十二年（1486），当时王阳明十五岁（详见束景南著《王阳明年谱长编》第1487页；束景南著《阳明大传：心的救赎之路》第57页）。本书采用束景南先生的观点。

5. 醉心佛老，新婚失踪

成化二十三年（1487）八月，宪宗驾崩。明孝宗朱祐樘在九月继位，次年改年号为弘治。孝宗由于幼年的悲惨生活遭遇，一生体弱多病，但他为人宽厚仁慈，躬行节俭，不近声色，勤于政事，在腐朽的明朝中后期历史上算得上是一位好皇帝。在他的励精图治下，明朝出现了少见的繁荣气象，被史家称为“弘治中兴”。

儒家认为，“邦有道则仕”。新帝继位，一切欣欣向荣，朝廷出现了少见的新气象，不少文人士子都摩拳擦掌，准备大干一场。王阳明也在王华的安排下准备回老家参加来年的科举考试，但在此之前，他还需要先去南昌完成一件大事——迎娶自己的妻子诸氏。

王阳明的岳父诸让也是浙江余姚人，成化十一年（1475）进士，与王华早年就相识，二人私交很深。成化十九年（1483），诸让被派往顺天府主考乡试，顺便到王华家中做客，看到王阳明表现不俗，就定下了这门亲事。王阳明去南昌成婚，一方面是岳父诸让的意思，另一方面，王华也有自己的考虑：王阳明出走边关、献书朝廷的豪放不羁行为让他感到担忧，早日完婚也许可以增加王阳明的责任感，使他不再干出格的事情。就这样，弘治元年（1488），十七岁的王阳明奉命来到江西南昌。

南昌又称为洪都，是一座历史文化名城，“初唐四杰”之一的王勃曾在《滕王阁序》中称其为“物华天宝，人杰地灵”之地。王阳明生平第一次踏入江西这块土地，一切都是那么新鲜，他一路上走走看看，四处打量，生怕错过了什么，此时的他一定没有想到，这块土地将与他后半生的命运发生千丝万缕的联系。

也许是因为与岳父一家是世交的缘故，王阳明并没有觉得拘束，他在等待完婚的日子里无所事事，每天到处闲逛。据《年谱》记载，在新婚的当天，估计离仪式还有一段时间，王阳明无事可做，就又走出诸府去散步，信步来到一座道观旁，抬头一看，上书“铁柱宫”三个大字，他想也没想就走了进去。

在铁柱宫里，王阳明看到一个鹤发童颜的老道士正在打坐，就走过去坐了下来，等老道士打坐结束，两个人就聊了起来，没有想到一聊还挺投缘，竟然聊到了第二天早上，完全忘记了成婚的大事。这里要补充说明一点，王阳明从小就对佛道文化很感兴趣，七八岁时曾跟随父亲在浙江海盐资圣寺寓居过一段日子，寺院里的晨钟暮鼓，使童时的王阳明受到熏陶。后来到了京城，长安街上汇集了明朝最有名的几座寺庙道观，街上又多有江湖异人来往，进一步加深了王阳明对佛老的兴趣。按照王阳明自己后来说法，他从八岁时开始沉溺佛老，一晃近十年，足见他对佛老浓厚的兴趣，所以忘记新婚的事情也合乎情理。

新婚之夜新郎官却不见了，诸府上下四处找人，忙了整整一夜，直到天快亮时王阳明才慌慌张张跑回来。事情弄明白后，大家哭笑不得，新郎官和老道待了整整一晚，竟然忘记了自己的洞房花烛夜，实在是世间少见啊！

熟悉王阳明的人都知道他向来比较另类，干点儿出格的事情似乎不足为怪。不过，作为新婚妻子的诸氏，心中不知作何感想。

6. 本章小结

写到这里，王阳明的人生可以暂时告一段落，不是因为王阳明告别了单身，而是因为之后的他要真正开始踏上探索圣学的艰难之旅了。

一个豪放不羁的少年即将离我们远去，一个苦闷的青年正向我们走来。

总结王阳明的少年人生，我们可以在他的身上看到以下性格特点：

第一，不唯师，不从众，能独立思考，有自己的想法；

第二，志向远大，并勇于实践；

第三，做事认真投入，甚至有些疯狂；

第四，调皮捣蛋，具有熊孩子的特征。

从少年王阳明身上，我们似乎看不到圣人的先兆，此时的他率意、任性、大胆、聪慧……这些性格特点，在很多人的童年阶段可能都有过，王阳明实在没有什么稀奇古怪之处。

由此可见，圣人也是由普通人而来，并不存在什么天人下凡的神话。

当然，这些性格特点也很值得我们思考。俗话说，性格决定命运，一个人能够取得卓越的成就，身上一定有促使其成功的品质，这也许正是我们应该注意和借鉴的地方。

第二章　苦闷彷徨的青年

1. 拜访娄谅，深受鼓舞

王阳明完婚后并没有立即离开南昌，而是住在岳父的官署中读书习字。他开始学习书法时只是临摹字帖，后来逐渐发现写字要在心上用功，写之前先凝思静虑，拟形于心。这一领悟使他书法大有长进，这也可能是他第一次发现“心上用功”的重要性。

在弘治二年（1489）十二月底，王阳明带着夫人诸氏赶回余姚老家。在他们舟过广信府（今江西上饶）时，王阳明特意拜访了当地的一位大儒——娄谅。

娄谅（1422—1491），字克贞，别号一斋，江西广信上饶人，明代著名的理学家，少年时代就有志于圣学，曾四处求师，但发现许多所谓学问家都是教授“举子之学”（应付科举考试的学问），而非教人如何成为圣人的“心身之学”，这让娄谅非常失望。他听说吴与弼（号康斋）在抚州崇仁乡居，学问深厚，道德高尚，弟子从游者甚众，便从上饶赶往崇仁，拜在吴与弼的门下。娄谅读书不以科举功名为目的，不热衷于入仕，他三十一岁通过乡试中了举人，却不急于参加会试，而是继续在家中修学，在学习中一有疑惑，就立即去拜访老师，求知若渴，因此也深受老师器重。

娄谅就这样过了十余年，估计是经不住家人的督促，天顺七年（1463），他决定去南京参加进士考试。可是当他走到浙江衢州，准备登船赴临安时，江面上突然刮起一阵逆风，船无法开动，娄谅立即返回家中。家里人对他的行为感到非常惊讶和不满，娄谅却一本正经地解释说："这次应试，我非但不能考中，反会遭遇奇祸，为防万一，我便中途回来。"大家看他的态度似乎不像开玩笑，又不知他说的是真是假，正当家人将信将疑之际，从南京传来消息：会试考场失火，考生被烧死者不可胜数。经过这次离奇事件，人们都佩服娄谅有远见，他的声名也因此大振，但娄谅却认为这是自己钻研理学、静久而明的结果。娄谅的学问直接继承了朱熹的"主敬""穷理"，以"收心""放心"为居敬之门，以"何思何虑""勿助勿忘"为居敬要旨，注重日常生活中随时随地的修持。

王阳明对娄谅仰慕已久，趁着此次回家，就顺道去拜访他。王阳明并不知道，这次拜访将影响他的整个人生轨迹。

王阳明拜访娄谅的详细过程我们现在已无法知晓，只知道娄谅说的一句话深深地影响了他。据《年谱》记载：

是年先生始慕圣学。先生以诸夫人归，舟至广信，谒娄一斋谅，语宋儒格物之学，谓"圣人必可学而至"，遂深契之。[1]

“圣人必可学而至”，意思就是说圣人是可以通过后天学习而成就的，潜台词也就是说圣人不是天生的。这句话对王阳明来说分量很重。

一直以来，圣人都是儒家追求的最高人格目标，但儒家历史上的圣人却屈指可数，尧、舜、禹、孔子、孟子是儒家津津乐道的几位圣人代表，孔孟之后一千多年中似乎没有再出过圣人，直到明朝，朱熹被钦定为圣人，是距离王阳明最近的一位。在普通人眼里，圣人需要完美的道德修养和人格，几乎已经达到了“神”的标准，不是一般人可以奢望的。因此，少年王阳明提出“读书成圣为人生第一等事”时，王华报以略带嘲讽的嗤笑，心里大概在想：小子，你也太不知道天高地厚了，你老爹我是状元，都不敢有成为圣人的念想，你才几斤几两，就做起了圣人的美梦？王阳明一定是从父亲的眼神中读懂了这个意思，所以他的圣人梦想小火苗很快就熄灭了。但是，现在娄谅当面十分肯定地告诉他“圣人必可学而至”，这等于宣布圣人的大门是对他敞开的，这个信息对十七岁的王阳明来说实在是极大的鼓舞。

2. 性情大变，潜心读书

王阳明回到余姚老家不久，祖父王伦就去世了。他从小

① 钱德洪：《年谱一》，《王阳明全集》卷三十三，第1002页。

是被祖父带大的，祖孙二人感情十分深厚。祖父的去世对王阳明打击很大，好在身边有很多家人，在大家的安慰下，王阳明逐渐走出了悲伤。王华也自京回到余姚奔丧，丁忧期间在族内顺便开办家塾，王氏宗人子弟及亲友都来学习，王阳明也在其中，以为来年的乡试做准备。这些“同学”中既有王阳明的表兄、堂弟等同辈，也有叔父、姑父等长辈，他们每天相互切磋学问，日子过得倒也充实。不过，细心的人发现，王阳明的性情似乎发生了变化。据《年谱》记载：

明年龙山公以外艰归姚，命从弟冕、阶、宫及妹婿牧相与先生讲析经义。先生日则随众课业，夜则搜取诸经子史读之，多至夜分。四子见其文字日进，尝愧不及，后知之曰：“彼已游心举业外矣，吾何及也！”先生接人故和易善谑，一日悔之，遂端坐省言。四子未信，先生正色曰：“吾昔放逸，今知过矣。”自后四子亦渐敛容。[①]

那个平日里喜欢开玩笑、甚至有点叛逆捣蛋的王阳明不见了，取而代之的是一个好学、内敛、庄重、沉稳的人。从这些变化可以看出，娄谅的话对王阳明的影响还是很大的。极有可能是娄谅向他传授了朱子的“主敬”“穷理”要旨，指出生活中要时刻关注自己的言行举止，王阳明遂对以前“和易善谑”的行为深感悔悟，决定改变自己。我们说过，王阳明是一个想到就去做的人，以前圣人对他而言也许还只是梦想，但现在他已经准备把它付诸实践。

① 钱德洪：《年谱一》，《王阳明全集》卷三十三，第1002页。

“圣人必可学而至”，“学”什么呢？王阳明显然是从两个方面来落实的：一个是经典，如“诸经子史”，他希望从这些先贤的著作中找到圣人的端倪；另一个就是生活实践，反躬自省，改变自己认为不符合圣贤标准的行为举止，向圣贤靠拢。

王阳明这种性情的改变向人们表明：那个豪迈不羁的翩翩少年已经不见了，取而代之的是一个洗心革面、痛改前非、决定踏上“成圣”之旅的王阳明。

选择决定了结果。

王阳明已经作出了他的人生选择。

3. 连续落第，以动心为耻

父亲是状元，王阳明本人又聪明好学，用现在的说法他已经具备了一个标准学霸的配置——先天遗传的好基因加上后天的努力。因此，大家对王阳明参加科举考试都充满了信心。

果然，在弘治五年（1492）的浙江乡试中，二十一岁的王阳明以第六名的成绩考中举人，取得了参加会试的资格。风华少年，踌躇满志，信心满满的王阳明觉得踏入京城的上层社会指日可待。十二月，他顶着寒冷的北风离开余姚赶往北京，开始为来年的会试做准备。

弘治六年（1493）二月，王阳明首次参加会试，可是结果出人意料：他落榜了。不过王阳明似乎不以为然。《年谱》记载如下：

明年春，会试下第，缙绅知者咸来慰谕。宰相李西涯戏曰："汝今岁不第，来科必为状元，试作来科状元赋。"先生悬笔立就。诸老惊曰："天才！天才！"退有忌者曰："此子取上第，目中无我辈矣。"[①]

从这段文字可以看出，王阳明青年才俊，意气风发，但锋芒太露，不谙官场上的人情世故，一不小心招来了他人的嫉妒和打压。

落榜后，王阳明再次回到余姚老家。五个月后，王华被征召入京，王阳明随父亲再次返回京城，在王华的安排下，王阳明进入了太学。

太学是中国古代设于京城的最高学府，汉武帝时开始设立，后多有改制。从魏晋到明清，历朝历代或设太学，或设国子监，或两者同时设立，名称虽然不一，制度也有变化，但均为国家传授儒家经典的最高学府。太学汇集了全国各地有才华的学子，在太学学习的三年时间里，王阳明与程文楷、王寅之、刘景素等一批同学交游唱酬、讲学论道，醉心于举业和辞章之学，他的古诗词水平也越来越高，经常以才子的身份被邀参加京城文坛的聚会。

在学习辞章之学的同时，王阳明也继续学习兵法，原因很简单：明朝边关战事不断，朝廷隔三岔五收到告急边报，

① 钱德洪：《年谱一》，《王阳明全集》卷三十三，第1003页。

却经常为找不到合适的将才而发愁。王阳明为国征战的将军梦再次被点燃。他利用京城丰富的图书资源，到处寻找兵书研读，写学习心得，而且一有空就进行军事推演，甚至痴迷到在宴会桌上也经常用果核排兵布阵。正是因为这种疯狂的投入，王阳明的兵法造诣越来越深，这也为他若干年后的卓越军事成就奠定了基础。

三年的太学学习很快结束，弘治九年（1496），王阳明第二次参加会试，因有人从中作梗，他再次落榜。

古代科举考试制度除了竞争激烈外，还有一个可怕之处是时间周期长，每三年才有一次机会。从弘治三年开始准备乡试，到弘治九年第二次会试落榜，王阳明整整耗费了六年时间，这对一个风华正茂、满腔热情的年轻人来说确实是一种打击和煎熬，但倔强的王阳明不愿意向失败低头。一起参加考试的同学中有人因为落榜而感到羞耻，王阳明却安慰对方说："他人以落第为耻，我以落第动心为耻。"[①] 细品这句话，在硬气的背后似乎还略带着一丝苦涩，王阳明的内心深处真的能做到不动心吗？

答案是否，我们可以从他的作品中看出端倪。第二次落榜后，王阳明准备返回余姚，途中他顺道游览了山东任城（济宁）的太白楼，写下了一首《太白楼赋》，其中有这样几句：

吁嗟太白公奚为其居此兮？余奚为其复来？倚穹霄以流盼兮，固千载之一哀！

① 钱德洪：《年谱一》，《王阳明全集》卷三十三，第1003页。

……

信流俗之嫉妒兮，自前世而固然。怀夫子之故都兮，沛余涕之湲湲。庙堂之偃蹇兮，或非情之所好。唯不合于斯世兮，恣沉酣而远眺。

进吾不遇于武丁兮，退吾将颜氏之箪瓢。奚曲蘖其昏迷兮，亦夫子之所逃。管仲之辅纠兮，孔圣与其改行。佐璘而失节兮，始以见道之未明。睹夜郎之有作兮，横逸气以徘徊；亦初心之无他兮，故虽悔而弗摧。①

在赋中，王阳明说李白和自己来此的原因是一样的，都是因为受到俗人的嫉妒，不能被世间所容，心中郁闷，才登上此楼。在赋中他同时表明心志：自己不会为世俗所动，要退隐山林，寻找颜回之乐。王阳明这首赋明显是在借古讽今，表达自己对落第的愤懑，痛斥官场的黑暗。

4. 迁居绍兴，沉溺养生

在王阳明"以动心为耻"的背后，却难掩他心中的那份失落，考场上的失利，再次促使他把目光转向了道家养生。

王华认为自己是王羲之的后代，所以一直有迁家绍兴的打算。佟珍（字时贵，山东青州府人，成化十一年进士）是王华的好友，在弘治九年（1496）被任命为绍兴知府，这对王华迁家绍兴是一个难得的好机会。王阳明考试失利，暂时没有

① 王守仁：《太白楼赋》，《王阳明全集》卷十九，第553–554页。

事情，王华就派他回余姚筹办此事，顺便让他散散心。

钱德洪在《年谱》中没有详细记载王阳明回老家这段时间发生的事情，只是含糊其词地说了一句“是年先生谈养生”。不过，据束景南先生考证，王阳明正是从这段时间开始沉溺于道家的养生功夫修炼。王阳明此行大概经历如下：他九月从北京出发，十月经过南京，专门拜访了朝天宫道士尹真人。经束景南先生考证，尹真人又称尹山人，早年一直在京师传道，后云游到南都，就留在了朝天宫，因头发常年不打理，蓬头垢面，又被人称为“尹蓬头”，道家著名的《性命圭旨》就是尹真人的作品，王阳明在此期间学习的正是尹真人书中的“真空炼形法”[①]。

王阳明回到浙江后，奔波于余姚和绍兴两地，他在处理迁家相关事宜的同时，还在余姚的龙泉山寺组织了一个诗社，与余姚地方上的文人雅士唱和诗歌，以文会友。王阳明的文采得到大家的一致赞赏。余姚诗人魏瀚向来以诗歌见长，被人称为才子，当时也恰巧辞官回到老家，每次诗会王阳明都拔得头筹，让魏瀚也佩服不已。

在绍兴知府佟珍的帮助下，王家在东光相坊的新居很快选定建成。东光相坊是王羲之的旧居所在地，迁家于此，正是为了实现王华迁回先祖旧地的愿望。王阳明在办理迁家事宜的同时，也一直在绍兴周边寻找适合自己静坐修炼的理想场

---

① 束景南：《阳明大传：“心”的救赎之路》，复旦大学出版社，2020年版，第95—99页。

所，经过多次实地查看，他最后选中了会稽山中的“阳明洞”。

道家向来有“三十六洞天”和“七十二福地”的说法，一般是指历代道教得道之人居住的名山胜地。“阳明洞”隶属于“阳明洞天”，为道家第十一洞天，经典记载“会稽山，周回三百五十里，名阳明洞天”（《龟山白玉经》）。

“阳明”一词在中国文化中有特殊的含义。在中医的经络理论里，手足分别有三条阳经和三条阴经，统称为“六经”，是人体经络系统的构成主体。阳经又分为少阳、太阳、阳明，阴经包括太阴、少阴、厥阴。人体中的胃经和大肠经分别称为“足阳明胃经”和“手阳明大肠经”。《黄帝内经》认为“阳明”是“两阳合明也”（《素问·至真大要论》），并且说“太阳为开，阳明为阖，少阳为枢”（《灵枢·根结》），意思是阳气处于闭合、不向外释放的状态称为“阳明”。在道家丹道典籍中，也经常用到“阳明”一词，“阳明”又被称为“阳神”“纯阳”等，指修炼的境界。王阳明选择“阳明洞”作为自己的修炼场所，并自号阳明子，足见他对道家养生的痴迷。

从弘治十年（1497）底到弘治十一年（1498），在近一年的时间里，王阳明一有空就到“阳明洞”练习“真空炼形法”，对道家的养生术有了比较深入的体验。弘治十一年年底，因为要参加来年的会试，王阳明再次返回京城。

5. 步入仕途，上下求索

俗话说，“功夫不负有心人”。弘治十二年（1499），王阳明第三次参加会试，考了第二名的好成绩，殿试后被定为二甲进士第六名，终于金榜题名。

王阳明二十八岁时终于正式踏入仕途，将近十年的努力，其中的甘苦一言难尽，但无论如何，他总算名正言顺地进入了士大夫阶层，终于有机会实现自己的人生抱负。站在吏部的门口，即将而立之年的王阳明对自己的仕途充满了激情和期待。

儒家向来倡导“内圣外王”的人格追求。“内圣”对王阳明来说显得晦涩而缥缈，虽然“格竹”已经过去了十多年，他的理学造诣也已经今非昔比，但朱熹的格物理论对他而言就像一座无法翻越的大山。“内圣”既然无法行得通，那就踏踏实实地干工作，也许“外王”总还是有办法的。

根据惯例，新入职人员需要先实习，王阳明被分配到工部观政。“观政”说白了就是去打杂，没有什么实际职位。不过，王阳明到岗不久，就接到了一项特殊的任务：负责为威宁伯王越修建陵墓。

王越，进士出身，明成化、弘治时期著名的军事统帅，身经百战，曾三次出塞，收取了河套地区，两次远袭鞑靼，先后担任过右副都御史、兵部尚书等职务，总制大同及延绥甘宁军务，以战功封威宁伯，成为明代因军功封爵的三位文臣之一（另两位为王骥、王阳明）。作为诗人，王越的诗不喜雕饰，常常悲歌慨叹，性情自然流露，颇具古风。无论是文学修养，还是军事才能，王越都是王阳明敬仰的人物类型。尽管督造陵墓不是一个很重要的差事，但他依然非常投入。接到任务不久，王阳明就迅速来到王越老家——大名府浚县（今河南浚县），开始做起自己的第一份正式工作。他每天在工地上指挥施工，跑前跑后，兢兢业业。可能是由于第一次管理这么多人，王阳明的军事激情顿时高涨起来，他对民工进行了编队和半军事化管理，大大提高了工作效率，甚至在休息时指挥这些民工演练八阵图等军事队形，以此作为自己实践兵法的机会，好好地过了一把军事瘾。据说等工程结束的时候，这批民工都可以直接上战场打仗了。

在此期间，负责天文观测的官员向朝廷报告天上星象发生了异样变化。根据惯例，皇帝下诏征集大臣的建议，以此来应对这种不祥之兆。借着朝廷下诏求言的机会，王阳明上了一道《陈言边务疏》，文章提出了“蓄才以备急”“舍短以用长”“简师以省费”“屯田以给食”“行法以振威”“敷恩以激怒”“捐小以全大”“严守以乘弊”八个方面的策略，内容涉及人才选拔、财政税收、制度建设、军事策略等，整篇文章逻辑清晰，论证严密，针对不同问题分别提出详细的对策，展示了王阳明统观全局的治理思想与用兵之道。当然，作为一名刚进入官场的年轻人，王阳明身上也难免带有青年改革家的激进，年轻气盛的他言辞颇有些犀利和激烈。例如，他在文章中说：

臣愚以为今之大患，在于为大臣者外托慎重老成之名，而内为固禄希宠之计，为左右者内挟交蟠蔽壅之资，而外肆招权纳贿之恶。习以成俗，互相为奸。忧世者谓之迂狂，进言者目以浮躁，沮抑正大刚直之气，而养成怯懦因循之风。故其衰耗颓塌，将至于不可支持而不自觉。①

这样上疏注定是不讨人喜欢的。王阳明可能没有想过，他把朝中大臣贬斥得一无是处，说大臣无能也是变相指责皇帝的昏聩，这样的上疏既惹恼了大臣，也得罪了皇帝。果然，这篇慷慨激昂的文章提交上去后如同泥牛入海，杳无音讯。多年以后，王阳明与弟子谈论到这篇上疏时，他评价说："是疏所陈亦有可用。但当时学问未透，中心激忿抗厉之气。若此气未除，欲与天下共事，恐事未必有济。"②

应该说，王阳明具有高度的使命感和政治敏锐度，他满腔热情，努力抓住每一次机遇，渴望能得到重用，可惜在腐朽的官场上，他的锐意进取和锋芒太露注定得不到赏识，反而经常遭到一些嫉恨和打压。

6. 身心疲惫，再次入山

王越的陵墓顺利竣工，为了表达谢意，王越家人送金银财物给王阳明，被他一一谢绝。看到王阳明对财物不感兴趣，

① 王守仁:《陈言边务疏》,《王阳明全集》卷九，第 239 页。

② 钱德洪:《刻文录叙说》,《王阳明全集》卷四十一，第 1309 页。

王家就把王越生前的佩剑赠给他留念，王阳明欣然接受，原因是他几年前曾梦到威宁伯王越把弓和剑赠送给自己，王阳明认为这是天意。

弘治十三年（1500），王阳明接到新的任命，二十九岁的他成为刑部云南清吏司主事，主要职责就是审核云南省呈报上来的案卷。在刑部工作期间，王阳明依然保持了他全身心投入的作风，与刑部的一众名士一起大力推进司法革新工作，为刑部带来了一些新气象。据说，有一天王阳明去牢里巡查，发现刑部利用囚犯口粮养了很多猪，他感到十分震惊，认为这有违人道主义和朝廷的旨意，就给上司提议革除此项惯例，并把养的猪全部宰杀掉给犯人吃，这件事在当时成为一件奇闻。

每年八九月间，刑部都会按照惯例下派官员到地方审决狱案，工作性质类似于上级特派员。弘治十四年（1501），王阳明奉命到直隶淮安府等地审决重囚，他从京城出发，一路南下，所到之处都认真审阅案卷，发现问题立即纠正，很多冤假错案因此获得平反。

利用此次工作便利，在处理完公务后，王阳明专门抽时间登上了九华山。

九华山是佛教四大名山之一，王阳明向往已久，在参观名山古刹的同时，他更留意的是寻访山上的佛道高人。王阳明听说山上有两个异人，一个是道士蔡蓬头，一个是不知道姓名的高僧，二人行踪飘忽不定，一般人很难见到。王阳明一心想要拜会两人。功夫不负有心人，他费尽周折，吃了不少苦头，才分别见到二人，但两人给他的答案令他失望：蔡蓬头说他脸上尚有官相，不适合修炼长生不老之术，然后就不再多说；高僧只说周敦颐和程颢是两个好秀才，要他回去好好琢磨琢磨，王阳明不解，第二天再去，高僧已经不见踪影。

王阳明心中多少有些失落，在刑部的工作经历，让他更近距离地看到了朝政的混乱和官员的腐败，这与他期望的"外王"梦想似乎有很大差距，也使他萌发了出世修行的念头。他此次到九华山拜访高僧异人，似乎想投奔佛老，可惜出师不利，吃了个大大的闭门羹。

因处理案件过于劳累，王阳明得了咳喘之病，只能向朝廷请假，在扬州调理了三个月才返回京城复命。

弘治十五年（1502）五月，王阳明回到京城继续工作。生活没有太大的变化，每天仍然有处理不完的案件，但他似乎不甘心就这样机械地度日。因此，他白天忙完工作后，晚上又燃灯读书，经常到深夜。日积月累，王阳明的辞章造诣越来越深，文笔也愈加老练，在京城文化圈里的名声越来越大，甚至与李东阳、李梦阳、何景明、顾璘、徐祯卿、边贡、乔宇等一批文坛名士竞相驰骋。不过，虽然他声名日起，但是在内心深处偶尔还有一些惆怅，因为他逐渐意识到辞章之学不是大道，这不是他的最终追求。有一天，正在构思文章的王阳明突然扔下毛笔，叹息道："我怎么能把有限的生命投入到无用的虚文中去呢？"从那天开始，他决定放弃在辞章上的钻研，不再为文字殚精竭虑。

因为劳累过度，王阳明的疾病再次发作。当年八月，王阳明上了《乞养病疏》，获得朝廷批准后，他再次回到了绍兴，把布满落叶的“阳明洞”清扫收拾干净，又开始了他的道家导引术修炼。据《年谱》记载，王阳明修炼达到了很高的境界：

一日坐洞中，友人王思舆等四人来访，方出五云门，先生即命仆迎之，且历语其来迹。仆遇诸途，与语良合。众惊异，以为得道。久之悟曰：“此簸弄精神，非道也。”又屏去。已而静久，思离世远去，惟祖母岑与龙山公在念，因循未决。久之，又忽悟曰：“此念生于孩提。此念可去，是断灭种性矣。”明年遂移疾钱塘西湖，复思用世。[①]

王阳明的这种体验类似于娄谅，是精神专注守一的结果。王阳明对此多少感到有些失望，因为他发现这只是在簸弄精神，并非他想要寻找的大道，而且佛道要人放下一切，他觉得什么都可以放下，唯独亲情难以割舍。在王阳明看来，亲情是人性的本然，割舍亲情就是灭绝了人性。经过深思，他最终放弃了道家的修炼，决定出山，再次走儒家入世的道路。

离开绍兴，王阳明在杭州西湖边又调养了一些时日。在此期间，他往来于南屏、虎跑诸寺，与僧人谈禅论道，对禅宗机锋有了更深入的理解，甚至把一个坐关三年的老和尚棒喝点醒，成为趣谈。《年谱》记载如下：

往来南屏、虎跑诸刹，有禅僧坐关三年，不语不视，先生

① 钱德洪:《年谱一》,《王阳明全集》卷三十三，第1004页。

喝之曰:“这和尚终日口巴巴说甚么!终日眼睁睁看甚么!”僧惊起,即开视对语。先生问其家。对曰:“有母在。”曰:“起念否?”对曰:“不能不起。”先生即指爱亲本性谕之,僧涕泣谢。明日问之,僧已去矣。①

呵呵!估计王阳明不会受到寺庙僧众的喜欢,因为他不是来谈佛问道的,更像是一个砸场子的角色。

7. 官场剧变,因言被贬

弘治十七年(1504),三十三岁的王阳明在出入佛老两年后,决定再次回归仕途。在父亲王华的帮助下,他被聘为山东乡试的主考官。经过两年的亲身修炼,王阳明对佛老的不足已经有了清醒的认识,对儒家的学说也有了自己的体悟,所以他出的考试题目围绕“老佛害道”“礼乐之制”“用人”等一系列问题展开,复兴儒家道统的意图十分明显。这次乡试选拔工作取得了巨大的成功,很多被王阳明录用的人后来都成为名士,此次考试也被人们评价为“得人最盛”。

九月,王阳明回到北京,被任命为兵部武选清吏司主事。在山林苦修佛道的日子彻底结束,王阳明又开始了城市的繁忙生活。凭着前期练就的扎实学问功底,他很快再次融入了京城的上层交际圈。这些人中既有明朝文坛上著名的“前七子”(李梦阳、何景明、徐祯卿、边贡、康海、王九思和王廷

① 钱德洪:《年谱一》,《王阳明全集》卷三十三,第1004—1005页。

相)，也有像湛若水这样的白沙心学传人。

湛若水（1466—1560），字元明，号甘泉，广州府增城市甘泉都（今广州市增城区新塘）人，明代大儒，也是著名的思想家、哲学家、政治家。据史料记载，湛若水的父亲湛瑛早年到广东任职，不幸染病早逝，湛若水母子二人孤苦伶仃，相依为命。湛若水自幼聪敏，但因家境贫苦，十四岁才进入学校学习，十六岁前往广州府庠就读，明弘治五年 (1492) 参加乡试，考取举人后，他到新会县拜心学大儒陈献章（号白沙）为师，深得老师的赏识，成为白沙学说的衣钵传人。弘治十八年 (1505)，湛若水参加会试，中进士第二名，被授为翰林庶吉士，留在了北京。湛若水在继承白沙学说的基础上，以“随处体认天理”为宗，提出“格物为体认天理”和“为学先须认仁，仁与天地万物为一体”的理念，并创立了“甘泉学派”。

王阳明回到京城，很快就结识了湛若水。此时的王阳明已经开始由佛老转向了儒家的心性之学，虽然他还没有形成自己的核心思想，但他有亲身静坐的体验，对陈白沙主张的“默坐澄心，体认天理”深有同感。遇见陈白沙的弟子自然一见如故，惺惺相惜。湛若水曾言：“若水泛观于四方，未见此人。”王阳明也对人说过：“守仁从宦三十年，未见此人。”[①] 兴奋之余，二人相约以倡明圣学为己任，开始了他们相互激励、共同探索心学的道路。

不过，当王阳明和湛若水还沉浸在遇到知己的兴奋中时，

① 湛若水：《阳明先生墓志铭》，《王阳明全集》卷三十八，第 1149 页。

朝廷内却发生了一件将影响到他们后半生人生轨迹的大事。

弘治十八年（1505），三十六岁的明孝宗朱佑樘突然驾崩，死亡原因据说是太医用药不当，出现了医疗事故[①]。孝宗在弥留之际召刘健、李东阳、谢迁等大臣入乾清宫，宣布传位于皇太子朱厚照，并叮嘱诸大臣说："太子人很聪明，但是年龄还小，又好逸乐，诸卿要好好辅佐他，使他担当起大任，朕死也瞑目了。"他临死前给太子朱厚照的嘱咐是"任用贤臣"。

年仅十五岁的武宗朱厚照就此继位，次年改年号为正德，开始了他长达十六年的统治及游戏人生。朱厚照是一个十分贪玩的人，也是历史上公认的昏君。他性情顽劣，办事荒唐，"光辉事迹"可谓"前不见古人，后不见来者"。

纵观明朝历史，宦官专政是其一直存在的弊病，造成许多严重的后果。最惨痛的事件就是太监王振一手导演的"土木堡事件"，导致明英宗被俘，使整个国家陷入危机，成为明朝历史上的奇耻大辱。每每想到此事，很多正义的大臣都痛心疾首，文官集团也向来视宦官为朝政的头号公敌。朱厚照当太子时，就与刘瑾等八个太监（号称"八虎"）整日厮混在一起，上台后对他们更是宠幸有加。文官集团对此愤愤不平，最终以户部尚书韩文为首，发起了一场声势浩大的弹劾活动，胁迫武宗诛杀"八虎"。

刘瑾等人自然不甘心束手待擒，也奋力反击。朝廷内瞬

① 熊毅：《王阳明一切心法》上，北京联合出版公司，2019年版，第142页。

间暗流涌动，剑拔弩张，杀机四伏。弹劾行动前期，文官集团声势雄壮，形势貌似非常有利，但内部其实是一盘散沙，三个阁老又意气用事，做事不够果断周密，导致局势瞬间被“八虎”逆转。刘瑾等人不但没有被诛杀，反而一夜之间得到火速提拔，司礼监、团营、东厂、西厂等核心权力部门全部被“八虎”控制。刘瑾最终成为皇帝的代言人，气焰愈加嚣张，而刘健、谢迁、韩文等人则被要求致仕。

面对这一局势突变，文官集团一时被打蒙了，等到反应过来后，立即发起了一波接一波的“援救刘健、谢迁，再劾八虎”的行动。可是大势已去，后果可想而知，血腥的镇压由此拉开序幕。弹劾刘瑾的人轻则遭到贬谪罢免，重则被关进锦衣卫大牢。

在这次援救弹劾运动中，最突出的人物是南京给事中戴铣，他组织发起了最大的一次弹劾，上疏言辞十分激烈，直接喊出了“元老不可去，宦竖不可任”的口号。武宗大怒，下旨捉拿戴铣等十八人关入锦衣卫大牢，严刑拷打，戴铣宁死不屈，最终被廷杖致死。

王阳明在整个事件中的态度可以说是特立独行。前期情况不明朗的时候，很多文官纷纷进谏表明自己的政治立场，这些人中当然也不乏政治上的投机分子，而此时的王阳明却保持了沉默。当刘瑾已经完全获胜，文官惨败，朝中大臣噤若寒蝉的时候，他却站了出来，上了一道措辞委婉的《乞宥言官去权奸以章圣德疏》，试图拯救戴铣等人。

今天细读这篇上疏，可以看出王阳明不是一个鲁莽的人，他是经过认真思考和精心构思的，整篇文章用语谨慎，语气温和，只是劝武宗能彰显圣德，宽宥戴铣等言官的冒犯，完全没有一句弹劾刘瑾的话语。可惜当时属于特殊敏感时期，刘瑾不会放过任何一个与自己意见不同的人。王阳明的行为很快就得到了回应：正德元年（1506）十一月，王阳明被关进锦衣卫大牢，命令他反省“罪愆”。

一夜之间，王阳明从朝廷六品官员变成了囚犯。锦衣卫大牢里设施条件明显不够好，寒冬腊月，没有取暖设施，还缺衣少食，老鼠不时在床头大摇大摆地溜过，根本不把睡在旁边的人当回事。也许在它们看来，这些人忧愁自己的命运还来不及，哪里顾得上老鼠？

当灾难降临的时候，人类内心往往有一个惯性适应期：从最初的无法相信，到慢慢接受现实，一旦开始面对现实，痛苦与折磨就会立即到来。王阳明在狱中写了十四首诗，诗中多带有苦闷、失望的情绪，《不寐》就写了他在狱中夜晚无法入睡的情景，诗文如下：

天寒岁云暮，冰雪关河迥。幽室魍魉生，不寐知夜永。惊风起林木，骤若波浪汹。我心良匪石，讵为戚欣动！滔滔眼前事，逝者去相踵。崖穷犹可陟，水深犹可泳。焉知非日月，胡为乱予衷？深谷自逶迤，烟霞日悠永。匡时在贤达，归哉盍耕垅！[①]

① 王守仁：《狱中练十四首》，《王阳明全集》卷十九，第 567 页。

人类还有一个惯性：当看不清未来的时候，总是渴望能借助超自然力得到一点暗示，从而获得一些心理上的安慰。在牢里王阳明模仿周文王玩起了《易经》，他也专门作了一首《读易》记录此事，诗文如下：

囚居亦何事？省愆惧安饱。瞑坐玩羲《易》，洗心见微奥。乃知先天翁，画画有至教。包蒙戒为寇，童牿事宜早；蹇蹇匪为节，虩虩未违道。《遯》四获我心，《蛊》上庸自保。俯仰天地间，触目俱浩浩。箪瓢有余乐，此意良匪矫。幽哉阳明麓，可以忘吾老。①

很明显王阳明有了退隐的想法，他开始想念他在绍兴的“阳明洞”，甚至有点后悔两年前的进京决定。

幸运的是，他的牢狱生活没有太久。十二月二十一日，王阳明的最终处理结果出来：他被定为“奸党”，在午门“褪衣廷杖”四十，并贬为贵州龙场驿驿丞。

8. 龙场悟道，心学诞生

在明朝，贵州是真正的蛮荒之地，也是发配死刑犯的地区之一。王阳明的壮举令很多正义人士钦佩，朋友听说他被贬到贵州龙场，纷纷前来送行，酒席上大家免不了饮酒作诗，慷慨人生一番。但豪言壮语并不能抵消个人生存的困惑，离开了京城，王阳明陷入了纠结之中：一方面，他对仕途有点

① 王守仁：《狱中练十四首》，《王阳明全集》卷十九，第 567 页。

心灰意冷，不愿意去贵州龙场这种蛮荒之地，想要归隐山林，一走了之。可是，另一方面，他又担心此举会牵连到家人的安危。

抉择，艰难的抉择！王阳明不知该何去何从。

正德二年（1507）三月，王阳明到了杭州，他以养病为由先后寄住在净慈寺和胜果寺等地。据《年谱》记载，刘瑾并没有打算宽恕王阳明，而是暗中派锦衣卫尾随其后，准备途中结果王阳明的性命。王阳明在胜果寺住下没多久，锦衣卫也随即而至，在朋友的帮忙斡旋下，王阳明惊险逃脱。为了迷惑对方，王阳明在房间墙壁上题下了一首绝命诗，然后趁着夜色跑到钱塘江边，把自己的鞋子和衣服脱下放在岸边，伪装成投江自尽的样子，自己则偷偷坐上路过的一艘小船，计划到舟山躲避。

可是阴差阳错，大风把船吹到了武夷山，王阳明上岸后，在一座深山寺庙中被一个老和尚算计，险些落入虎口，又奇迹般地遇到了当年铁柱宫中的那位道长，二人交谈，嘘唏不已。王阳明走投无路，流露出归隐山林的想法，道长一语点醒了他："你如果不去任职，刘瑾胡乱给你安一个叛逃敌国的罪名，岂不连累了家人？"王阳明顿时惊出一身汗，彻底打消了归隐的想法。经过思考，他决定还是要到龙场去上任。临走之前，他要再探望一下父亲，因此又乘船返回，赶往南京。

王阳明的这段逃亡经历过于离奇，人们对此向来也有不同的看法。湛若水说王阳明是佯装逃跑，自己杜撰了到武夷山的经历，事实上根本没有去过。不过很多王阳明的弟子坚持认为确有其事，王阳明是得到了神人相助才死里逃生。这段历史至今仍是一个谜，事情的真相还有待后人去考证。不过，王阳明在逃难的过程中作的一首诗却脍炙人口，这首诗名为《泛海》，似乎印证了他在海上的经历确有其事。诗句如下：

险夷原不滞胸中，何异浮云过太空？

夜静海涛三万里，月明飞锡下天风。[①]

这首诗展现了王阳明一贯的乐观与豪迈，那种在困境中视“险夷”如“浮云”的大无畏精神，与李太白的“长风破浪会有时，直挂云帆济沧海”的豪迈自信颇为类似，很能激发人的正能量。

拜别父亲王华，王阳明和三个家仆踏上了去贵州的路途。从南京出发，一路经过浙江、江西、湖南等地，王阳明时而探访名山古迹，时而与友人唱和诗词，带着对家乡的眷恋，踯躅前行。

历史已经过去了五百多年，今天的贵州龙场已成为一个著名的旅游胜地，交通便利，经济繁荣。但看看车子经过的崇山峻岭，还是可以想象出王阳明当年旅途的艰辛。

尽管王阳明对恶劣的环境早有心理准备，但从富裕的“鱼米之乡”来到荒蛮的贵州，很多情况仍让他措手不及。前任站长看到接班的来了，当天就乐得立即收拾行李走人，不

① 钱德洪:《年谱一》,《王阳明全集》卷三十三，第1006页。

过他临走前给了王阳明四点忠告，这是他在这里生存经验的宝贵总结：首先，要当心与本地人交往，此地民风与中原不同，要注意安全；其次，是要当心空气的质量，林子里的瘴气远近闻名，一不小心也会要了人的性命；再次，是吃饭问题，朝廷的俸禄基本很难收到，这个地方到处都是山，土壤贫瘠，种啥收成都一般，唯一的好处就是能到山上找点野菜，稍微填补一下肚子，但吃饱是不可能的，要做好挨饿的准备；最后，是居住问题，此地常年温度偏低，且潮湿阴冷，刮风下雨是常事，要做好保暖工作。

龙场驿站虽有几间破房子，但是根据大明的律法，王阳明是贬谪之人，没有资格住公家的房子，所以他必须自己解决住处问题。

王阳明和三个仆人只好砍些树，临时搭建了一个小茅屋，过了一段蜗居的生活。后来他在附近找到一个原始山洞，虽然比较简陋，但至少可以遮风挡雨，免受日晒。乔迁新居，王阳明欣喜不已，把它起名为“阳明小洞天”，就当是对家乡“阳明洞”的念想。

龙场交通闭塞，人烟稀少，没有什么娱乐设施，日子实在太单调和苦闷。王阳明没事还可以练习静坐，消磨一下时光，三个仆人可就没有这么高的境界了，艰苦的生存条件使他们越发思念家乡，三个人慢慢变得郁郁寡欢起来。人没有了精神支柱，肉体是很容易出现问题的。过了没多久，三个仆人相继病倒。

这下子好了，王阳明反主为仆，每天不但要挖野菜、捡柴、做饭，照顾他们的饮食起居，还要担负起医生的职责，帮三个人疗病。一方面，他要利用自己有限的中医知识对三人进行药物治疗，亲自去山上采药，回来煎药、喂药；另一方面，还要对他们进行精神治疗，要时不时地讲讲笑话，逗他们开心。

孟子说："天将降大任于是人也，必先苦其心志，劳其筋骨，饿其体肤，空乏其身，行拂乱其所为，所以动心忍性，曾益其所不能。"[①]《史记》的作者司马迁也提出一个观点叫"发愤著书说"，意思是作家内心有所郁结，精神受压迫得不到伸展，借著书立说发泄疏通，这样才能恢复心理平衡。孟子和司马迁的观点异曲同工，都指出困境对一个人的磨炼和激发作用。王阳明正是在龙场的这种困境中，对困扰他多年的"格物致知"问题发生了顿悟。据《年谱》记载：

先生始悟格物致知。龙场在贵州西北万山丛棘中，蛇虺魍魉，蛊毒瘴疠，与居夷人鴃舌难语，可通语者，皆中土亡命。旧无居，始教之范土架木以居。时瑾憾未已，自计得失荣辱皆能超脱，惟生死一念尚觉未化，乃为石墩自誓曰："吾惟俟命而已！"日夜端居澄默，以求静一；久之，胸中洒洒。而从者皆病，自析薪取水作糜饲之；又恐其怀抑郁，则与歌诗；又不悦，复调越曲，杂以诙笑，始能忘其为疾病夷狄患难也。因念："圣人处此，更有何道？"忽中夜大悟格物致知之旨，寤寐

① 朱熹:《四书章句集注》，中华书局，1983年版，第348页。

中若有人语之者，不觉呼跃，从者皆惊。始知圣人之道，吾性自足，向之求理于事物者误也。[①]

这就是历史上著名的“龙场悟道”。龙场——这个原本名不见经传的地方，因为王阳明被铭刻在了历史上，王阳明的人生也因为“龙场悟道”彻底发生了改变。

从十五岁“格竹”到三十七岁“龙场悟道”，王阳明整整煎熬了二十二年。回顾自己走过的这段岁月，一幕幕往事历历在目：为了弄明白圣人之道，无数个夜晚自己曾经抱经苦读，但结果是一次又一次的挫败；无奈之下，自己曾徘徊于佛道门前，也曾经钻研过辞章、深究过兵法，甚至几度生病，但始终无法跨入儒家的圣学殿堂。

王阳明没有想到，在自己人生跌入最低谷、陷入困境的时候，却意外领悟到了圣人的格物真谛，那个困扰他多年的问题豁然开朗。

一切来得是如此突然，他甚至难以相信。

回想自己曾经的努力和跌倒，怀疑和动摇，王阳明的内心悲喜交加，充满了感动！

生活真是充满了奇迹，只要你坚持不放弃！

① 钱德洪:《年谱一》,《王阳明全集》卷三十三，第 1006–1007 页。

9. 本章小结

至此，王阳明人生的第二个阶段宣告结束。纵观他的这段经历，苦闷彷徨是其基本色调。在这一时期，王阳明的身上呈现出以下特点：

第一，坚持理想，执着前行。王阳明的人生并不顺利，在探索圣学的路上更是一波三折，但他能始终坚持自己的理想和追求，不轻易放弃。他像一个坚强的战士，跌倒了再爬起来，调整方向后立即发起新的冲锋。正是这种执着和坚持，使他最终获得了胜利。

第二，坚持人格，逆风飞扬。在复杂的政治斗争中，王阳明能坚持自己的人格和气节，做自己认为该做的事情，不为外界所动摇。若干年后，他的粉丝林则徐说了一句话："苟利国家生死以，岂因祸福趋避之。"这句话用来形容王阳明也非常贴切。

第三，坚持"素位而行"，困境不气馁。"素位而行"出自《中庸》，意思是君子要根据自己的处境，努力做好当下的事情。当人生遭遇失败的时候，王阳明没有怨天尤人，也没有一蹶不振，而是静下心来，认真做好该做和能做的事情。这种"素位而行"的人生态度是儒家倡导的人格修养，也是王阳明在龙场的一个重要收获。

是的，生命应该有韧性，才能经历风雨看到彩虹。

第三章　波澜壮阔的中年

1. 圣人之道，素位而行

古往今来，关于悟道、得道的记载很多，民间流传的关于佛家和道家得道的故事更多，而且这些故事往往充满了神话色彩，如传说中的法海和尚、济公、吕洞宾、道士葛洪等，他们或者可以降妖除魔、惩恶扬善，或者能够飞升成仙、长生不老，这些得道的“好处”常常令凡人羡慕不已。可是，悟道真的有那么神秘吗?

董平先生把“开悟”定义为:“它是对某种长期以来困扰着自己的问题不断地深入思考、不断地反复沉思而最终达到的一种豁然贯通、豁然开朗的境界，是一种独特的精神境界或者心灵状态。”[①] 说白了，开悟其实只是一个人心智模式转换的过程，生活中不乏类似的体验。如高中生对一道几何题或方程式百思不得其解，几天后突然想到了答题思路，那种豁然开朗的感觉就是一种开悟体验。当然，这种开悟只是对一

① 董平:《传奇王阳明》，商务印书馆，2011 年版，第 75-76 页。

道数学题的豁然贯通，而王阳明的开悟，则是对儒家“格物致知”真实含义的领悟，是对生命意义及其方式过程的一种醒悟。

开悟似乎是一刹那的事情，但前期实际上都有一个积累的过程，是一种由“量变”到“质变”的转化过程。王阳明“龙场悟道”的过程中有一个细节值得注意，据《年谱》记载，王阳明在龙场反复自问：“圣人处此，更有何道？”也就是说，他一直在思考一个问题：圣人如果处在我这种境况下，他会怎么应对？要理解王阳明的困惑，首先要明白他所说的“此”的具体含义是什么。具体来说，这个“此”包括以下几个方面：

第一，个人前途的渺茫。王阳明最大的梦想是成为圣人，此前他虽然三番两次出入佛老，但内心深处其实始终奉儒家为正道。四年前，王阳明从绍兴阳明洞回到北京，已经表明他与佛老进行了诀别，决心走儒家的入世道路。虽然当时他在朝廷里仍只是刑部的一个主事，官职不高，但好歹也属于士大夫阶层，可以继续探索实践自己的圣人学说。可是现在这一切全变了，他由官员变成了一个戴罪之人，而且被贬到了偏远的龙场，想到未来，他的内心一片茫然。

第二，面子和尊严彻底丧失。儒家向来重视气节，所谓“士可杀而不可辱”，对于受过正统教育的文人而言，尊严往往比生命更重要，可惜这些尊严在明朝荡然无存。廷杖是朱元璋的发明专利，专门用来羞辱不听话的大臣。早期的廷杖作为一种刑罚手段，不仅不用脱裤子，很多时候还可以在身上盖上毯子甚至厚厚的棉被，但是到了王阳明这里，廷杖手法进行了创新，要“褪衣”执行。王阳明非常不幸，他被打得当场昏了过去，不仅肉体上惨遭摧残，精神上的折磨更是永生难忘。

第三，现实生存的艰难。一个人在困境中要想存活下来，既需要有精神支撑，物质条件也是必不可少的。王阳明在龙场就很缺米，还缺房、缺医生、缺仆人（病倒了），这些柴米油盐的生存问题是王阳明每天要面对的，怎么可能对他没有影响？

第四，生死问题。古人云：“死生亦大矣。”身体健康、顺风顺水的人很少会想到死亡，因为在他们眼里，这些都是很遥远的事情，可以将来再慢慢思考，眼下最重要的是享受生活。相反，疾病和灾难则很容易触发人们对死亡的思考。王阳明被刘瑾迫害，关进锦衣卫大牢，又被毒打一顿，路上还被锦衣卫追杀，好不容易来到龙场，发现这里的条件很不宜居，再加上他本身又多病，身处如此恶劣的环境中，生死之念难免会时时出现在他的心头。

但王阳明毕竟是一个豁达的人，经过一段时间思考，很多荣辱得失慢慢都看淡了，唯独生死一念仍时时盘旋在心头。王阳明干脆来个“置之死地而后生”，自己做了一个石墩坐在上面，并自我勉励说：“我就等死了！”这颇有点儿道家王重阳当年住在“活死人墓”修炼的风格。通过长时间的静坐，王阳明的内心有一种怡然自得的感觉，觉得“胸中洒洒”，与此同时，他不停自问：“圣人处此，更有何道？”经过日夜连续的思考，终于有一天想明白了儒家“格物致知”的真意。

他究竟悟到了什么？《年谱》没有细说，但也含蓄地指出了端倪：“圣人之道，吾性自足，向之求理于事物者误也。”也就是说，每个人的内心本来就有“圣人之道”，根本不需要在外物上寻找。说得再直白些，王明阳在龙场悟到圣人和凡人根本区别在于内在的“心性”——圣人也是肉体凡胎，圣人也有顺境和逆境，但圣人无论在什么样的境况下，都能始终保持“那颗圣人的心”。

龙场悟道后，王阳明的精神世界发生了质的变化，他已经明白圣人要“素其位而行”，要坦然面对生命中的一切。山还是那座山，水也还是原来的水，龙场的艰苦环境依旧如故，但在王阳明的眼里，这一切都已经与昨日不同，心中的苦闷已经一扫而空，取而代之的是喜悦和宁静。他把自己的住处分别命名为“何陋轩”和“君子亭”，乐观的心态由此可见。

龙场条件虽然简陋，但并不能阻挡王阳明传播自己的新思想，没有听众，他就给仆人讲，然后又给周围的当地人讲。当然，圣人教人都是因人而异、因材施教的，王阳明把儒家的伦理纲常讲得浅显易懂、深入人心，又向当地人传授了一些中原的农耕技术和生活技巧，受到了大家的认可和欢迎。

王阳明悟道的消息越传越远，来龙场听讲的人也越来越多，不少学生不辞劳苦、千里迢迢慕名前来。心学的火种已经在龙场点燃。

2. 应对挑衅，知行合一

但王阳明的讲学也招来了当地思州知府的不满。因为在知府的眼里，王阳明是戴罪之人，应该低调生存，现在却开始在自己管辖区域内大肆讲学，而且是与朱熹理学不同的学说，成何体统？思州知府决定派人到龙场砸场子。

但非常不幸，砸场子的人在龙场遭到了当地人的痛打，因为他们看不惯有人欺负敬爱的“王老师”。知府大人勃然大怒，立即向上级告状。贵州按察司副使毛科（字应奎）就致书王阳明，让他向知府行跪拜之礼，并向其道歉。

这是王阳明到龙场后遇到的一件棘手事，他思考后，给毛科写了一封很有水平的回信，信的内容如下：

昨承遣人喻以祸福利害，且令勉赴太府请谢，此非道谊深情，决不至此，感激之至，言无所容！但差人至龙场陵侮，此自差人挟势擅威，非太府使之也。龙场诸夷与之争斗，此自诸夷愤愠不平，亦非某使之也。然则太府固未尝辱某，某亦未尝傲太府，何所得罪而遽请谢乎？跪拜之礼，亦小官常分，不足以为辱，然亦不当无故而行之。不当行而行，与当行而不行，其为取辱一也。废逐小臣，所守以待死者，忠信礼义而已，又弃此而不守，祸莫大焉！凡祸福利害之说，某亦尝讲之。君子以忠信为利，礼义为福。苟忠信礼义之不存，虽禄之万钟，爵以侯王之贵，君子犹谓之祸与害；如其忠信礼义之所在，虽剖心碎首，君子利而行之，自以为福也，况于流离窜逐之微乎？某之居此，盖瘴疠蛊毒之与处，魑魅魍魉之与游，日有三死焉。然而居之泰然，未尝以动其中者，诚知生死之有命，不以一朝之患而忘其终身之忧也。太府苟欲加害，而在我诚有以取之，则不可谓无憾；使吾无有以取之而横罹焉，则亦瘴疠而已尔，蛊毒而已尔，魑魅魍魉而已尔，吾岂以是动吾心哉！执事之喻，虽有所不敢承，然因是而益知所以自励，不敢苟有所隳堕，则某也受教多矣，敢不顿首以谢！①

这封信以义自守，刚柔并济，信中表达了以下几层意思：

第一，本地居民殴打差人这件事，是因为差人自己仗势欺人，差人行为不是知府大人指使的，本地居民打人也不是我的意思，既然事情本身与我和知府大人无关，那么又何来“谢罪”之说呢？

第二，跪拜对小官而言虽然也是常理，但君子要讲忠信礼义，不符合道义的事情绝不能做，这是做人的基本原则。

第三，我在龙场这种地方，条件恶劣，随时都可能毙命，但因为我知道生死有命，君子重在坚守内心的道义，所以对死从来不曾动心，如果知府非揪住这件事不放，那我不会因此违背道义。

这封信大义凛然，柔中带刚，坚持有理、有利、有节的原则，摆出一副“光脚不怕有鞋的”架势，很能代表王阳明处

① 王守仁：《答毛宪副》，《王阳明全集》卷二十一，第661–662页。

理问题的智慧。据说毛科看后内心大为惭服，最终不了了之。塞翁失马，焉知非福。经过这件事，毛科对王阳明的看法发生了变化，心中多了几分敬佩。

这件事过去不久，王阳明在龙场遇到了生命中的一位挚友——贵州提督学副使席书。席书，字文同，号元山，四川潼川州遂宁县人，弘治三年（1490）进士，为人正直好学。席书对王阳明本来就很有好感，现在又听说他在龙场悟道了，就亲自前来拜访。席书先后与王阳明进行了四次畅谈，对他的学说大为赞叹，决定请王阳明到贵阳给当地学子讲学。

正德四年（1509），王阳明被邀请到贵阳书院任教，席书亲自带着当地的一批学生行拜师礼。在贵阳期间，王阳明提出了著名的“知行合一”理论，掀开了阳明心学发展的第一篇章。

3. 职务屡迁，广收学生

正德五年（1510），王阳明贬谪期满，在朝中多名官员的推荐下，他被任命为江西吉安府庐陵县令，终于可以离开贵州，踏上东归的道路。

王阳明从贵阳到江西的归途中，意外遇到了冀元亨、蒋信、刘观时等一批优秀学生，为了让学生更好地体会“知行合一”的本体，他采用了静坐的教学方法。这些学生通过静坐，对他的学说有了亲身的体验，教学效果很好。这让王阳明大受启发，他意识到静坐也许是让学生进入心学的一个捷径。

三月，王阳明到达庐陵，正式开始他的地方治理工作。庐陵地处江西中部，是连接周边四县的交通要道，当地商贸发达，重利思想原本就比较盛行，外加上繁重的官府赋税摊派，导致当地民风不古。久而久之，在百姓中间逐渐形成了爱打官司的风气，邻里亲人之间动辄为一点儿鸡毛蒜皮的小事就诉诸官府，致使每天都有处理不完的状纸提交到府衙。前任许县令就是被搞得疲惫不堪，才主动请辞的。

儒家提倡“内圣外王”，治理国家是士大夫的天命所在，这次县令任职也算是对王阳明治理能力的一个小考验。王阳明到任后，深入调研，了解民情，他认为民风不古是问题的根源所在。所谓“利看得重了，义就自然淡了”，因此纠正这种不良风气是解决问题的根本。经过分析思考，王阳明采用了“德法并用”的策略。

首先，王阳明冒着得罪上司的风险给上级官员提交了一份废除不合理赋税的报告，文章风格与前文那封《答毛宪副》类似，依然措辞严谨，柔中带刚，但句句切中要害，上级官员看后虽然很生气，但也投鼠忌器，不敢过于打压，减免赋税的要求居然奇迹般地取得成功。老百姓得到了实惠，自然人人欢喜，趁着大家高兴，王阳明及时颁布了新法规，对诉讼提出了严格的要求，甚至对文书的字数也进行了规定，从而使一些无足轻重的诉讼案件在短期内数量大幅下降。与此同时，王阳明又加强民风教化，通过兴办学校、树立道德榜样、恢复基层矛盾化解机制等手段，使百姓知礼守法，躬行孝悌，邻里和睦相处，从根本上化解了矛盾纠纷。用了不到一年时间，王阳明把庐陵县治理得秩序井然，当地民风也大为改观。

八月，刘瑾事发，以逆反罪被凌迟处死，混乱的朝政得到了暂时喘息的机会。随着刘瑾集团的灭亡，受其迫害的官员也迎来了春天。

十一月，王阳明结束了他的庐陵县令任职，奉命进京朝觐。经过吏部考核，他被任命为南京刑部四川清吏司主事。正德六年（1511）正月调任吏部验封清吏司主事，十月升任文选清吏司员外郎。正德七年（1512）三月升考功清吏司郎中，十二月升任南京太仆寺少卿。正德九年（1514）四月，升任南京鸿胪寺卿。

从正德五年到正德九年，是王阳明一生中职务变动最频繁的一段时间，他的官职连续升迁，仕途一帆风顺。所幸都是闲职，没有太多的公务需要处理，王阳明游走在北京、滁州、南京及浙江之间，所到之处都留下他讲学的身影。尤其是在滁州任职期间，大量的学子前来请教，心学在此阶段得到了快速传播。

与在贵阳提出的"知行合一"不同，王阳明在此期间主要教人静坐，原因是"知行合一"的提法有点曲高和寡，很多学生觉得晦涩难懂。王阳明在写给湖南学生的信里曾提到这一点："谪居两年，无可与语者，归途乃幸得诸友。"[①] 并且有了"悔昔在贵阳举知行合一之教，纷纷异同，罔知所入"[②] 的想法。导致贵阳学生"纷纷异同，罔知所入"的原因大概有两个：一是朱熹的"格物致知"理论影响太深；二是受当时社会上功利主义的影响，人们内心比较浮躁。

怎么办？王阳明其实一直也在思考这个问题。机缘巧合，他遇到了冀元亨等几个得力弟子，通过教他们静坐，发现这是学习的一个捷径。因此，从这个时期开始，教人静坐逐渐成为王阳明的主要教学内容。这种教学方法上的转变，标志着阳明心学进入了第二阶段。

王阳明在滁州期间，静坐教法达到了鼎盛时期。不过好景不长，他发现这种教法也存在弊端——部分学生过分沉迷于静坐体验，有误入禅宗的危险，这令王阳明隐隐有些担忧。滁州任职结束后，王阳明下定决心放弃了静坐教法。他陷入了沉思之中，他需要寻找一种新的、更好的教法来传播自己的思想。

在没有悟出新的教法之前，他让学生在"存天理，去人欲"上"省察克治"，一切似乎又回到了程朱理学的老路上。

---

①② 钱德洪：《年谱一》，《王阳明全集》卷三十三，第 1009 页。

4. 临危受命，巡抚南赣

在担任南京鸿胪寺卿两年多的时间里，王阳明沉浸在思考和讲学的快乐中，不过这种平静的日子很快被一道圣旨打破，他的人生迎来了真正的考验。

正德十一年（1516）九月十四日，吏部下文："奉圣旨，王守仁升都察院左佥都御史，巡抚南、赣、汀、漳等处地方，写敕与他。钦此。"[①]

简单说，王阳明又升官了，都察院左佥都御史是四品官职，更重要的是这次不是闲职，而是要去担任南赣巡抚。这里需要简单介绍一下南赣巡抚的来由。南赣巡抚最早设立于弘治八年（1495），因闽、粤、湘、赣四省交界地区的农民起义爆发频繁，朝廷任命金泽为都察院右副都御史，巡抚江西南赣等处，管辖区域包括江西南安、赣州、福建汀州、漳州，以及湖广等地的交界地区。此后二十年的时间里，由于当地农民起义问题时好时坏，南赣巡抚也经历了多次撤销、再设等变动。明朝中央政府虽然耗费了大量的人力和财力，但在当地的治理效果非常不理想，甚至武装叛乱问题越剿越重。

造成这种局面的原因有很多。首先是各级官员贪污腐败严重，层层盘剥，很多百姓不堪繁重的赋税，最终失去土地，生活没有了来源，就铤而走险，占山为王，成为土匪；其次，南赣地区地形极其复杂险峻，大帽山、大庾岭、九连山、八

① 王守仁：《谢恩疏》，《王阳明全集》卷九，第250页。

面山等山脉纵横相连，到处都是崇山峻岭，易守难攻，适合游击战，不利于大规模作战，往往是官兵来了找不到人，走了又很快死灰复燃；再次，南赣地处赣、闽、湖、广四省交界地区，管理权责不清，作战时缺乏统一的指挥和调度，各省往往相互推诿，各自为政，不能形成统一的作战力量；最后，当地官兵没有战斗力，缺乏斗志，总想着依靠两广地区的土兵和狼兵外援，负责官员打不赢，无奈之下，也经常随意进行招抚，通过花钱的方式暂时解决问题，叛乱分子看穿了官府的软弱，他们借机通过招抚获得了好处，不久后又反叛，逼迫官府送更多的好处过来，这一点无形中也助长了武装叛乱的风气。

正德六年（1511），朝廷曾命左都御史陈金、右副都御史俞谏征讨匪患，但收效甚微。到了正德十一年（1516），武装叛乱已经严重危及明政府在当地的统治。面对这一棘手问题，朝中大臣束手无策，危急之下，兵部尚书王琼向武宗推荐了王阳明。在武宗朱厚照印象里，王阳明是一个不讨人喜欢的臣子，原因是王阳明“不识时务”，经常触犯“龙鳞”。如王阳明明知武宗一直没有子嗣，却上疏建议立太子，虽然他是从国家社稷安全的角度来提出这一建议，但这个敏感话题无疑是刺到了武宗的痛处，身为一个男人，而且贵为一国之君，朱厚照怎么能不痛恨王阳明呢？但国家危急时刻如同森林火灾，大火已经在燃烧，如果不及时干预，后果不堪设想。武宗虽然不大乐意，但还是同意了王琼的建议，原因恐怕有两个：一来朝廷现在确实无人可用，武宗虽顽劣但不傻，他知道现在灭火才是最重要的，天下毕竟是他的天下；二来武宗其实也有自己的小算盘，一旦王阳明失手，就可以名正言顺地惩治这个不识时务的家伙。

心学的最高境界不是不做事，而是要人遇事的时候保持冷静，用理智来面对问题。王阳明年轻的时候就有建功立业的雄心壮志，可惜一直没有机会，这次任命按说是圆了他少年时的将军梦，是建功立业的好机会，他应该激动不已才对。可是经过了世事沧桑，目睹了朝政的腐败，王阳明已经不是当年那个意气用事的桀骜少年，他的内心也更加沉稳成熟，他看出了武宗的险恶用心，知道该如何去应对这一复杂的局面。因此，接到任命后，王阳明上了一封辞任疏，说自己年老多病，才能平庸，且需要回家照顾祖母，恳请朝廷能收回成命，让自己按照旧职致仕。王阳明不愧是一个杰出的文学家，他的这篇辞任疏文字工整，感情真挚，拳拳之心令人感动，完全可以与李密的《陈情表》相媲美。可惜朝廷似乎不为所动，完全不理会他的请求，又连发三道圣旨催他上任，而且第三道圣旨的口气十分强硬："该臣奏为乞恩辞免新任仍照旧职致仕事，奏奉圣旨：王守仁不准休致。南、赣地方见今多事，着上紧前去，用心巡抚，钦此。"[1]

朝廷四次下达命令，而且措辞严厉，容不得王阳明有任何商量的余地。正德十一年（1516）十二月初三，在接到第四

① 王守仁：《谢恩疏》，《王阳明全集》卷九，第 250 页。

道圣旨的第二天，王阳明踏上了前往江西的征程。这一年，他已经四十五岁。

5. 周密部署，平定叛乱

此时，南赣辖区内的大小山寨已经多达上百处，其中势力较大的几股军事力量包括：福建漳州府小溪山寨的詹师富、温火烧；江西南安、赣州府境内横水、桶岗山寨的谢志珊、蓝天凤；广东惠州府境内浰头山寨的池仲容。整个南赣军事行动主要围绕这几股武装力量展开，大大小小的战役进行了上百场，时间跨度整整一年零三个月。在此期间，王阳明部署周密，屡用奇招，用兵出神入化，其军事才干完全可以和《三国演义》里的诸葛亮相媲美，相关细节在不少著作里都有详细描述，本书不再一一赘述。

不过在历史上也有不少人过分神化王阳明，事实上，战争总是残酷的，战场上充满了不确定性和各种风险，任何一场战役的胜利都不可能是那么轻松的，根本不存在“谈笑间，樯橹灰飞烟灭”的战场。有一次王阳明手下官员带兵攻打象湖山，途中遭到敌人的伏击，官员和将士被杀十几人，指挥官也身中两枪，差点被俘，情况格外凶险[①]。在对付大匪首池仲容的过程中，王阳明更是劳心费神，片刻也不敢松懈，最后累到呕吐，可见作战的艰辛。本书对类似的战斗细节不作

① 详见《闽广捷音疏》，《王阳明全集》卷九，第254页。

详细描述，只想对整个南赣战事作一个笼统的交代。

整个南赣军事行动呈现出以下几个特点：

第一，周密部署，注重细节。整个南赣战役持续了一年多的时间，王阳明面临的不只是军事问题，而是一个系统性工程，包括行政、财务、人事、装备、治安、教育等一系列工作，这些需要多部门的紧密配合，而且各个环节都不能出现纰漏，否则可能全盘皆输。作为整场战争的指挥者，王阳明对各项工作都进行了非常周密的部署。为了贯彻自己的作战方案，他还在制度上进行了一些变通和革新，如他向朝廷上疏要求变通税法，以解决军费问题；在境内实行著名的“十家牌法”，切断奸细的消息传播；发布《南赣乡约》，教化民风，加强德治；组织地方民兵训练，择优选拔将士，充实战斗力量；改进作战奖惩制度，激励士气等。这一系列制度和方法的实施，为取得战争的最终胜利发挥了重要作用。

第二，招抚与军事打击相结合，不以杀戮为根本手段。王阳明奉命去指挥这场镇压农民起义的战争，为此在历史上曾经背上了“刽子手”的骂名。从客观原因来看，这是他受阶级和历史观的局限所致；从主观上来看，王阳明作为儒家知识分子，虽然他平定了南赣民乱，完成了任务，但他的心底自始至终是充满悲哀的。他曾对学生钱德洪说过这样的话：“某自征赣以来，朝廷使我日以杀人为事，心岂割忍，但事势至此。譬之既病之人，且须治其外邪，方可扶回元气，病后施药，犹胜立视其死故耳。可惜平生精神，俱用此等没紧要事上去了。”[1] 对王阳明而言，一方面，他希望南赣地区的混乱尽快得到平息，让流离失所的民众能早日回归田园，安心生产；另一方面，他又不忍使用军事力量大肆攻伐，“日以杀人为事”。为了减少不必要的杀戮，他充分利用招抚的手段，对那些被胁迫叛乱的人员予以赦免。在浰头战役前，王阳明专门写了一篇《告谕浰头巢贼》，广泛宣传，大力招降；在平乱过程中，王阳明也始终坚持不滥杀的原则，告诫官兵“当先之士，惟在摧锋破阵，不许斩取首级”“已获渠魁，其余解散党与，平日罪恶不大，可招纳者，还与招纳；不得贪功，一概屠戮”。[2] 这些细节都体现出儒家的用兵思想。

第三，注重从心上用功，以“攻心”为上。王阳明认为“兵者，诡道也”，打仗就是要在谋略上用功。作为一代心学大师，王阳明充分展示了“攻心”的威力。在用兵上，他善于把握敌我士兵的心理，在战斗中出其不意，攻其不备，打起仗来虚虚实实，真假难辨，令敌人防不胜防；在地方治理中，王阳明也善于恩威兼施，德法并用，匡正民心，从根本上解决问题，体现出其“攻心”的特色。

6. 宁王事件，勇赴国难

在征讨浰头战役最激烈的时候，王阳明曾写信给学生杨

① 钱德洪：《征宸濠反间遗事》，《王阳明全集》卷三十九，第 1220 页。
② 王守仁：《剿捕漳寇方略牌》，《王阳明全集》卷十六，第 452 页。

士德、薛侃，提到了那句著名的“破山中贼易，破心中贼难”，原文内容如下：

> 即日已抵龙南，明日入巢，四路兵皆已如期并进，贼有必破之势。某向在横水，尝寄书仕德云：“破山中贼易，破心中贼难。”区区剪除鼠窃，何足为异？若诸贤扫荡心腹之寇，以收廓清平定之功，此诚大丈夫不世之伟绩。数日来谅已得必胜之策，捷奏有期矣。何喜如之！[①]

王阳明以“破山中贼易，破心中贼难”勉励弟子要努力精进，同时也指出了心上磨炼的艰难。随着浰头战役的胜利，王阳明在南赣的工作也暂时告一段落，他准备向朝廷交差，并打算请假回家探望亲人。可是接踵而至的宁王叛乱彻底打乱了他的计划。

朱宸濠，明太祖朱元璋五世孙，宁王朱权第四代继承人，他的叛乱似乎颇有历史渊源。当初靖难之役开始时，燕王朱棣为了扩充自己的军事实力，以诈术胁迫朱权起兵造反，为最终成功夺得皇位奠定了基础。起兵之初，朱棣承诺朱权事成后可以共享荣华富贵，但等到他登基后，压根儿不提承诺这事，而且接连否定了朱权的几个封地要求，最终把他分封在了不太富裕的南昌，以此来控制宁王的势力。俗话说，“人在屋檐下，不得不低头”，现实面前，朱权也只能乖乖接受。大概因为有这样的历史背景，朱宸濠骨子里似乎总觉得朱棣欠了他们的，他要拿回本该属于自己的东西。

---

① 王守仁：《与杨仕德薛尚谦》，《王阳明全集》卷四，第144页。

与朱厚照相比，朱宸濠也算是一代枭雄，他为了夺取皇位，处心积虑几十年。先是在正德二年（1507），朱宸濠通过贿赂皇帝身边的刘瑾、钱宁、伶人臧贤等人，恢复了自己的护卫队，然后开始暗暗招兵买马，结交巨匪，蓄养亡命之徒。太监张忠、御史萧淮等曾向武宗告发，但武宗不以为然，原打算只派驸马都尉崔元、都御史颜颐寿、太监赖义等携圣旨前去革除宁王护卫，令其归还所夺官产民田。可是朱宸濠安插在朝廷的眼线传达信息不够准确，使朱宸濠误以为武宗要对自己痛下杀手，慌乱之下听从了谋士建议，决定马上发动叛乱。

正德十四年（1519）农历六月十四日，朱宸濠利用自己过生日，南昌地方各级官吏都到宁王府赴宴的机会，令带甲持刀侍卫数百人将官员包围起来，声称“奉太后密旨，令起兵入朝”。江西巡抚孙燧、江西按察副使许逵等忠义之士，提出要看太后密旨被拒，随即指责朱宸濠大逆不道，被朱宸濠就地杀害。看着血淋淋的场面，其他官员都放弃了反抗。朱宸濠自封皇帝，年号顺德，以致仕都御史李士实、举人刘养正为左右丞相，参政王纶为兵部尚书，召集军队十万，迅速占领九江、南康，并直指南都，大有破竹之势。当时情况危急，宁王又对消息进行了封锁，周边知情的部分官员慑于宁王的淫威，首鼠两端，做墙头草，导致传递的情报含糊不清。朱宸濠已经攻占了很多地盘，而朝廷大臣还在争论江西到底发生了什么事情。

一场腥风血雨眼看就要降临。

此时，王阳明在干什么呢？他正走在离开江西的路上。

南赣战事结束后，王阳明使命完成，他解散了大部分军队，把精力放在恢复民生上。从正德十三年（1518）下半年到正德十四年（1519）上半年，他一边处理地方事务，一边养病讲学，中间两次上疏请求致仕，但都没有获得批准。

正德十四年六月初五，王阳明接到兵部命令，让他去福建处理一件军官叛乱事件。

六月初九，王阳明带着家人和几个随从自赣州坐船出发。六月十五日，当他们的船行至江西丰城时，从知县那里得知宁王叛乱的消息。面对这一突发事件，王阳明震惊之余，快速进行了局势分析，并当机立断返回吉安，打算组织义军平叛。

事实上，朱宸濠也没有忘记王阳明这个潜在威胁。他对王阳明的才华早有耳闻，前期也曾经试图拉拢王阳明入伙，但没有成功。朱宸濠向来有他的做事原则：不能为我所用，那就是最大的劲敌！于是在叛乱发动时，他就部署了一千人的精锐部队，专门到丰城追击王阳明。当时情况十分紧急，眼看追兵将至，王阳明只好放弃官船，和两个随从登上一条小渔船，趁着夜色掩护摆脱了追兵。

六月十八日，王阳明赶到吉安，立即联络附近几个县的官员，要他们稳定人心，并火速招募义勇，组织人马，准备起兵讨伐朱宸濠。与此同时，王阳明立即展开宣传工作，他亲自撰写了讨伐檄文，并派人四处张贴，把朱宸濠反叛的行径告知百姓，从气势上压制对方。为了拖住朱宸濠的军队，他又使用了疑兵计和反间计，伪造公文和密件，让朱宸濠与两个重要谋士之间出现猜疑，并放出虚假消息，说朝廷早有准备，几十万大军即刻到达，给叛军造成心理震慑。王阳明的一系列措施给朱宸濠带来了困扰，使其不敢按照原来的计划大肆进军，从战略上发挥了重要作用，同时也有效稳定了江西百姓的人心，为后来的平叛胜利奠定了基础。

在讨伐朱宸濠的过程中，王阳明再次展现了优秀的军事指挥才能。他动用一切可以动用的力量，在一个月时间内拼凑了一支两万人的队伍，以此“杂牌军”对抗朱宸濠的十万大军。虽然在人数和装备上处于明显劣势，但王阳明用兵如神，出其不意，攻其不备，处处占得先机，逐渐扭转了不利的战局，并攻占了南昌城。

南昌是朱宸濠的老窝，他在此经营了几十年，大部分眷属和财产都在城里，原本计划要打天下做皇帝，现在皇帝没有当上，老窝竟然被王阳明先端了！

朱宸濠愤怒至极！

愤怒的人最容易失去理智，也最容易犯错误，所以当朱宸濠挥师回救南昌的时候，王阳明早已做好了战斗准备。

农历七月二十六日，双方准备进行最后的决战，地点在鄱阳湖。

朱宸濠和王阳明心里都清楚，胜败在此一战，不成功则成仁。他们都打算孤注一掷。

只是老天没有给朱宸濠成功的机会，也没有让他“成仁”。双方期待了很久的终极对战终于开始，兵力悬殊，朱宸濠信心满满，但结果却战败了，因为他犯了曹操当年在赤壁之战中的错误：他让部下把自己的大战船用铁链连在一起，准备碾压王阳明的小渔船部队，而王阳明模仿了诸葛亮火烧赤壁的战法。那一天，鄱阳湖上血流成河，烧死和淹死的叛军不计其数，被活捉和逃跑的人更是无法统计，王阳明一举消灭了朱宸濠的主力部队，并活捉了宁王本人及其他主要人员。

从起兵到被活捉仅仅过去了四十一天，朱宸濠做了几十年的帝王梦就此破灭。

王阳明立即把平叛喜讯上报给朝廷，当捷报送到北京的时候，武宗朱厚照率领的讨伐大军才刚刚走出北京城不久。

7. 忠、泰之难，身陷泥潭

如果说征战南赣是一件容易的事，那么平息朱宸濠叛乱及后续带来的问题才是王阳明一生中遇到的最棘手的事件。

王阳明没有想到，自己刚拼了性命平息了叛乱，却要面对另一个更难办的问题。

前边说过，朱厚照是历史上有名的昏君代表，是一个特别“贪玩”的皇帝，对他而言，没有做不到的，只有想不到的。王阳明在正德七年（1512）给父亲王华的一封家书中，曾描述了朱厚照的一些荒唐事迹：

养子、番僧、伶人、优妇居禁中以千数计，皆锦衣玉食。又为养子盖造王府，番僧崇饰塔寺，资费不给，则索之勋臣之家，索之戚里之家，索之中贵之家；又帅养子之属，遍搜各监内臣所蓄积；又索之皇太后。又使人请太后出饮，与诸优杂剧求赏；或使人给太后出游，而密遣人入太后宫，检所有尽取之。太后欲还宫，令宫门毋纳，固索钱若干，然后放入。太后悲咽不自胜，复不得哭。又数数遣人请太后，为左右所持，不敢不至；至即求厚赏不已。或时赂左右，间得免请为幸。宫苑内外，鼓噪火炮之声昼夜不绝，惟大风或疾病，乃稍息一日二日。臣民视听习熟，今亦不胜骇异。①

根据信中描述，朱厚照简直是混世魔王，宫中被他搞得乌烟瘴气，他为了搜刮钱财，简直是一副街头无赖的嘴脸，连太后都成为勒索对象，被逼得只能偷偷抹眼泪。其实除了这些劣迹外，朱厚照还有个爱好就是“打架”。几年前他曾偷偷出关，以威武大将军朱寿的名义和蒙古小王子打了一仗，在人数占优势的情况下，并没有占到便宜，但被身边的一群小人吹捧得神乎其神，让他对自己的“文韬武略”极度膨胀，总想找个机会再好好过把瘾。这次听说朱宸濠叛乱，朱厚照不但不担忧，反而觉得欣喜，他感觉是天赐良机，他要去好好当一次大将军，顺便也去美丽的江南游玩一番。

① 束景南，查明昊辑编：《王阳明全集补编》，上海古籍出版社，2016年版，第127页。

但是明朝经过土木堡英宗被俘的惨痛教训，文官集团坚决反对朱厚照御驾亲征。朱厚照连打带罚，用暴力手段压制住了进谏官员，经过一番斗争，取得了御驾亲征的资格。他随即征调了十几万大军，举行了盛大的出征仪式，然后浩浩荡荡一路南下。

不过，朱厚照此行明显是“醉翁之意不在酒”。王阳明在七月二十七日已经活捉了朱宸濠，奏折上写得清清楚楚：战斗已经结束。但朱厚照对此置若罔闻，坚持带兵南下。原因是朱厚照身边的几个小人一直鼓吹江南是多么好玩，这对本来就贪玩的他，无疑是致命的诱惑。

王阳明很快收到皇帝的回复：“元恶虽擒，逆党未尽，不捕必遗后患。”王阳明一看，朱厚照没有打道回府的意思，又紧急上了《请止亲征疏》，表示自己将带人押解朱宸濠进京献俘，以此阻止大军的南下。很快，王阳明再次收到朱厚照的指令——停止献俘。

问题来了：王阳明已经活捉了宁王，皇帝仍然要来“亲征”，这明显是个悖论。

不过历史也证明，小人有小人的“智慧”。张忠、许泰等人给武宗出了个“金点子”：让王阳明把朱宸濠释放在鄱阳湖，这样就可以带领大军来场真正的“御驾亲征”。

朱厚照对此拍手称好。

荒唐！真是荒唐！但是荒唐的事情就这样真的发生了。

这一次，王阳明真的陷入了艰难的抉择：如果不顺从武宗，估计是自身不保，而且后患无穷；但如果顺从了武宗，无疑是让本就疲惫不堪的江西老百姓再遭受一次战乱荼毒。对此，王阳明实在于心不忍。

抉择，艰难的抉择！

王阳明权衡利弊后，认为最好的办法就是押解朱宸濠离开江西，直接到南京献俘，这样就可以避免武宗带的大队人马进入江西。

事不宜迟！王阳明立即启程，快马加鞭押送俘虏上路。

张忠、许泰的耳目众多，发现王阳明带人离开，先后派了三批人马进行阻挠，强迫王阳明立即把朱宸濠带回南昌。

“知行合一”的智慧发挥了作用，面对刁难，王阳明沉着应对，他巧用策略一一拒绝了使者，日夜兼程赶往杭州。王阳明把朱宸濠押解到杭州后，与皇帝身边的太监张永进行了斡旋，在王阳明的努力下，张永的良知占据了上风，二人最终达成一致意见：王阳明把朱宸濠交给张永，由张永押到南都献给武宗。

这样做虽然牺牲了王阳明的个人荣誉，但为了大局，他没有丝毫犹豫，立即把朱宸濠交给了张永。

王阳明的行为大大惹恼了张忠、许泰、江彬等一帮小人，因为这样阻碍了他们升官发财的道路。这些人都是朱厚照身边的红人，平时连朝中大臣都要让他们三分，这次居然被王阳明公然挑衅，简直是太岁头上动土！他们个个气得牙痒痒，铆足了劲儿要致王阳明于死地。

一个巨大的烂泥潭已经形成，就等着王阳明去蹚。

8. 顾全大局，沉着应对

为了升官发财，张忠、许泰、江彬等仍然无耻地以“平叛”名义率领大军进入江西，所到之处随意抓捕所谓“逆党”，冒领军功，抢劫财物，甚至把平叛功臣伍文定也捆绑起来，索要贿赂。

江西百姓再次陷入了水深火热之中。

王阳明原本想赶往南都劝武宗返回北京，但江彬等人不允许他有面见武宗的机会，他们让武宗诏命王阳明为江西巡抚，要求他立即返回南昌工作。无奈之下，王阳明只好再次返回江西。

在张忠、许泰的教唆下，南昌城中的北军飞扬跋扈，他们为了挑起事端，甚至派人整日在王阳明府衙前叫骂、挑衅，但王阳明置若罔闻、纹丝不动，他仍然选择以柔克刚，以诚待之，“攻心”为上。王阳明先是发告示给南昌人民，要百姓体谅北军远征的辛苦，尽量避免引起矛盾。其次，每次外出看到北军有生病或死亡的，都下车亲自慰问，并厚加抚恤。

王阳明的真诚慢慢感化了不少北军，来谩骂的人越来越少。

随着时间的增加，很多北军渐渐有了思乡情绪。王阳明敏锐把握到了北军的情绪变化，决定抓住机会，趁势再添一把火，逼张忠、许泰撤军。冬至前夕，王阳明下告示给南昌城人民，让百姓举行祭祀活动。经过连年战事，南昌百姓几乎家家都有死伤亲属，户户都要祭祀哀悼亲人，整个南昌城顿时纸钱乱飞，哭声一片，此情此景令身在异乡的北军思乡情绪更加严重，不少士兵纷纷要求返回北方。

张忠、许泰等人看到军心被王阳明动摇，慌了神。他们为了扳回局面，故意邀请王阳明到校场进行射箭比赛，想在士兵面前出王阳明的丑。可是结果出人意料：王阳明居然三发三中，不但没有出丑，反而赢得很多北军的喝彩。张忠、许泰弄巧成拙，“偷鸡不成反蚀把米”，眼见大势已去，只好草草收场，不久之后带着军队离开了南昌。

送走了这几个“瘟神”，王阳明总算松了一口气，但是他也知道，斗争才刚刚开始。

俗话说，“宁可得罪君子，不可得罪小人”，因为小人一定会在背后使用各种阴招进行报复。张忠、许泰吃了哑巴亏，岂会轻易罢休？既然明着奈何不了王阳明，就来阴招吧，他们拿出自己最擅长的手段——诬陷。

回到南京，张忠、许泰、江彬等人立即给武宗进谗言，诬陷王阳明和朱宸濠为同党，说王阳明是因为发现朱宸濠不能成事，就抓住朱宸濠邀功。张忠等还挖空心思列举了两个证据：一个是朱宸濠以前曾推举过王阳明，另一个是王阳明曾派弟子冀元亨去给朱宸濠讲过学。

这立即引起了武宗的兴趣，他当即要派人去捉拿王阳明，幸好张永及时为王阳明辩解，才没有成行。张忠、江彬等人见此计不行，就给武宗出了一个主意：可以召见王阳明来南京，以此试探其是否有二心，如果王阳明不来，就证明他心里有鬼。武宗一听，觉得这是一个好主意，立即下诏给王阳明，命令他来南京觐见。幸好张永暗中派人及时送消息给王阳明，所以使者一到，王阳明当天就立即出发赶往南京。

这下子反倒急坏了张忠等人，因为他们知道王阳明不是一个好惹的人，一旦来了，怕事情超出了自己的掌控，就没有办法再耍花招了。所以他们又急忙派人在路上堵截王阳明，不允许王阳明渡过长江。王阳明走到安徽芜湖，被人拦住，前进无路，后退也不行，蹉跎了几天，万般无奈之下，他只好再次上了九华山，在草庵中天天练习静坐。武宗派使者偷偷前去查看，使者回来证明王阳明没有逆反的嫌疑，武宗才打消了念头，又命令王阳明立即赶回南昌。

朱宸濠虽然已经被张永押解到南都，但朱厚照显然并不满意这样的结果。因为他还没有玩够，所以就以搜剿残匪为由继续待在江南游玩。期间，江彬试图谋反，武宗被人秘密藏匿了多天没有露面，朝中大臣深感惊恐。王阳明知道消息后，为了防止发生变故，他立即在赣州整顿军队，进行大规模军事演练，以此震慑江彬。这一行为引起了江彬的警觉，他派人前来查看情况，不少官员和学生纷纷劝王阳明停止军演，远离这个是非之地，以免引火烧身。王阳明不为所动，虽然他不知道未来结局会怎么样，但他坚持做自己认为该做的事情。他的学生陈九川当时刚好在赣州，目睹了这一过程：

昔武宗南巡，先生在虔，奸贼在君侧，间有以疑谤危先生者，声息日至，诸司文帖，络绎不绝，请先生即下洪，勿处用兵之地，以坚奸人之疑。先生闻之，泰然不动。门人乘间言之，先生姑应之曰："吾将往矣。"一日，惟濬亦以问。先生曰："吾在省时，权竖如许势焰疑谤，祸在目前，吾亦帖然处之。此何足忧？吾已解兵谢事乞去，只与朋友讲学论道，教童生习礼歌诗，乌足为疑！纵有祸患，亦畏避不得。雷要打，便随他打来，何故忧惧？吾所以不轻动，亦有深虑焉尔！"又一人使一友亦告急。先生曰："此人惜哉不知学，公辈曷不与之讲学乎？"是友亦释然，谓人曰："明翁真有赤舄几几气象。"愚谓《别录》所载，不过先生政事之迹耳。其遭时危谤，祸患莫测，先生处之泰然，不动声色，而又能出危去险，坐收成功。其致知格物之学至是，岂意见拟议所能及！①

张忠等小人对王阳明恨之入骨，三番五次诬陷他，想置他于死地，一般人在此敏感时刻，往往都尽量远离是非之地，绝不会以身历险。王阳明却"明知山有虎，偏向虎山行"，因为他知道：自己必须在个人安危与社稷苍生之间作出抉择。

抉择，又是艰难的抉择！

正是在这些艰难的抉择中，王阳明的良知遭到一次又一次的反复拷问，使他的良知学说日益成熟起来。期间王阳明做了一首《啾啾吟》，以此来表明自己的人生态度。

① 钱德洪：《刻文录叙说》，《王阳明全集》卷四十一，第1309页。

知者不惑仁不忧，君胡戚戚眉双愁？
信步行来皆坦道，凭天判下非人谋。
用之则行舍即休，此身浩荡浮虚舟。
丈夫落落掀天地，岂顾束缚如穷囚！
千金之珠弹鸟雀，掘土何烦用镯镂？
君不见东家老翁防虎患，虎夜入室衔其头？
西家儿童不识虎，执竿驱虎如驱牛。
痴人惩噎遂废食，愚者畏溺先自投。
人生达命自洒落，忧谗避毁徒啾啾！[①]

“人生达命自洒落”，这是王阳明内心的真实写照。此时的王阳明已经明白：良知就是道义，就是天理。面对困境，圣人就是能时刻坚守良知的人，他们以道义为重，所以能置个人生死于度外。人应该豁达，只要遵从内心的良知，做自己该做的事情，该来的就让它来吧！

武宗自正德十四年八月出京，至正德十五年七月，“御驾亲征”已经整整一年，所到之处怨声载道，老百姓像躲避瘟疫一样纷纷逃离。朱厚照看看玩得差不多了，也玩累了，就打算返回北京，但他心里也有自己的盘算：此次出征声势如此浩大，如果没有什么功劳，怎么好收场？怎么向天下人交代？为此，武宗以大将军身份命令王阳明重新上一份擒获宁王的捷报，要突出“钦差总督军务威武大将军总兵官彼军都督府太师镇国公”（武宗出征前给自己的封号）的领导地位，并把张

① 王守仁：《啾啾吟》，《王阳明全集》卷二十，第648页。

永、张忠、江彬、许泰、刘晖等人记为头等功臣。

为了能让朱厚照尽快返回京城，王阳明二话不说，立即按照武宗意思写了《重上江西捷音疏》。王阳明冒着生命危险为国赴难，作为平息叛乱的一等功臣，那份本该属于他的荣誉就这样被人轻易抢走。

不过，王阳明从大局出发，以社稷苍生为重，虽然遭此不公，却毫无怨言。

9. 首揭良知，传播心学

朱厚照踏上了返回北京的路程，一路上又是游山玩水，走走停停，从南京到北京愣是走了四个月才最终到达目的地。

朱宸濠在通州被处死并焚尸扬灰，封国也被废除，用来警示天下。至此，宁王叛乱事件似乎已经宣告结束，但张忠、许泰、江彬等人对王阳明的敌意并没有消除，他们命人把王阳明的学生冀元亨关进锦衣卫大牢，严刑拷打，逼他交代王阳明私通朱宸濠的证据，试图制造冤狱。王阳明和弟子想尽办法营救冀元亨，武宗对此很不高兴，不久又把王阳明的另一个学生——监察御史张鳌山也关了进去。王阳明对学生的安危非常担忧，他甚至提出愿意放弃平叛功劳，以此换取学生的自由，但武宗对此不予理睬。

冀元亨虽饱受折磨，但始终没有屈服。几个月后，因为找不到实质性证据，冀元亨被无罪释放，但终因严刑拷打过度，五天后在家里离世，王阳明为此悲痛不已。

“多行不义必自毙”，武宗终于为他的荒唐付出了代价。正德十六年（1521）三月，朱厚照暴毙于自己一手建造的豹房中，享年三十一岁。

武宗的突然死亡，使朝廷内乱作一团，各个利益集团都在为自己的前途和利益谋划，王阳明的问题不再有人过问，整个事情才算真正告一段落。

从宁王叛乱（正德十四年六月）到武宗暴毙（正德十六年三月），在近二十个月的时间里，王阳明每天都要面对无数的艰难抉择：生与死、功与过、荣与辱、家人与百姓、个人与国家……

每做一次选择，他的内心都要经受一次煎熬；每做一次决断，他的良知都会被不断地拷问。

经过此次事件，王阳明对自己的学说已经有了十足的信心，心中那个困扰自己多年的声音终于可以响亮地喊出来。

正德十五年（1520）①，王阳明在江西正式公开提出“致良知”，掀开了心学发展的又一新篇章。

---

① 钱德洪在《年谱》中记载的是正德十六年始揭致良知之教，陈来先生和束景南先生均认为有误。陈来先生认为是在正德十五年就已经提出了致良知（详见陈来著《有无之境——王阳明哲学的精神》第150-151页）；束景南先生认为正德十四年王阳明在赣州尽发“良知”精蕴，正德十五年七月在赣州尽发“致良知”精蕴（详见束景南著《阳明大传：“心”的救赎之路》第1044页）。本书采用正德十五年说法。

10. 本章小结

从三十七岁“龙场悟道”开始，王阳明的人生可谓波澜壮阔，也同时饱受折磨，但正是在这种困境中，他的心学和事功越发璀璨夺目。纵观他这一阶段的人生经历，有以下几个特点：

第一，心系苍生，鞠躬尽瘁。“一体之仁”思想在王阳明身上已经不仅仅是一种理念，而是他人生的真实写照。他心怀天下，困境中不顾个人安危，以社稷为重，也体现了儒家勇于担当的入世精神。

第二，事上磨炼，良知光明。经过人生中的这些磨难，王阳明领悟到了良知的奥妙，他的学问更加精熟，并完成了心学体系的最终构建。

第四章　最后的征程

1. 丁忧在家，潜心学问

朱厚照没有子嗣，他的突然死去给朝廷出了一个大难题，在内阁首辅杨廷和的大力支持下，武宗的堂弟朱厚熜最终被选为皇位继承人，即世宗嘉靖皇帝。

杨廷和在明朝历史上赫赫有名，是一个很有谋略的大臣。作为内阁首辅和有功之臣，杨廷和在世宗继位初期基本掌控了整个朝政大权。在其大刀阔斧、雷厉风行的整改下，武宗建的豹房被拆除，供养的番僧被解散，江彬、张忠、许泰等奸党也相继被瓦解消灭，原本乌烟瘴气的朝政终于有所恢复，如同一个久病的人开始出现好转的苗头。

根据惯例，新帝登基后要大赦天下，以此来展示自己的皇恩。世宗在大赦之后，又立即启用了一批被罢免的旧臣，朝廷中出现了少有的新气象，一系列变化让人们似乎看到明君盛世的迹象。不过，这一切都是假象，朱厚熜并不是人们期望的理想明君，而是一个喜欢玩弄权术又独断的人，由他一手策划的“大礼议”事件在明朝历史上很快就掀起了一场大波澜。

儒家向来重视名分的问题，认为“名不正，言不顺”，“大礼议”事件就是由朱厚熜的继位方式所引发的。朱厚熜是明宪宗之孙，明孝宗之侄，也就是武宗的堂弟，封国在安陆州（今湖北钟祥市），这种继位方式是皇位继承中所谓的“小宗入大宗”。内阁首辅杨廷和授意礼部尚书毛澄以皇太子即位方式迎接朱厚熜，也就是说朱厚熜相当于继承明孝宗的皇位。这种说法遭到了朱厚熜的强烈抵制，他坚持说：“遗诏以我嗣皇帝位，非皇子也”，坚决不肯以太子身份继位。杨廷和本以为自己扶持年幼的朱厚熜登上皇位，有恩于他，可以轻松操纵对方，没有想到朱厚熜年纪不大，城府却挺深，还没有上任就先给了他一个“钉子”碰。但事已至此，杨廷和不得不作出让步，在迎接朱厚熜的方式上作出妥协，双方的矛盾由此产生。

朱厚熜即位后，立即下令群臣议定明武宗的谥号及自己生父的主祀和封号。以杨廷和为首的朝中大臣，通过援引汉朝定陶恭王刘康（汉哀帝生父）和宋朝濮安懿王赵允让（宋英宗生父）先例，认为朱厚熜既然是由小宗入继大宗，就应该要以明孝宗为皇考，把自己生父改称“皇叔考兴献大王”，母妃蒋氏改为“皇叔母兴国大妃”，祭祀时对其亲生父母自称“侄皇帝”。这一提议立即遭到朱厚熜的强烈抵制，双方矛盾再次激化。在杨廷和的授意下，礼部尚书毛澄和文武群臣六十余人联名上奏，向朱厚熜施压，并声称朝臣中“有异议者即奸邪，当斩”。这种赤裸裸的逼宫行为令朱厚熜大怒，他与内阁大臣之间的权力争夺战因此爆发，一场长达数年的“大礼议”事件就此拉开了序幕。

朱厚熜虽然贵为皇帝，但因为初来乍到，尚未来得及培植自己的力量，所以显得势单力薄，为了取得“大礼议”的胜利，他开始到处寻找自己的援军。朱厚熜知道王阳明在平叛宁王中的功绩和能力，想要将他作为自己的外援加以利用，因此在正德十六年（1521）六月十六日，下诏召王阳明进京受封赏。

此时王阳明的好友黄绾等人已经入朝，他们对朱厚熜赞赏有加，鼓励王阳明早日进京辅佐明君。武宗时期饱受折磨的王阳明对此似乎又有所心动，启程准备赶往北京。可是出发没多久，他就接到一道不用进京的命令。原来，杨廷和作为一名政治老手，对世宗的意图看得非常清楚，他是绝对不会允许王阳明这种劲敌进入京城的。所以在世宗的圣旨发出后不久，内阁就以“武宗国丧，资费浩繁，不宜行宴赏之事”为由，迫使朱厚熜取消了封赏事宜，把王阳明硬生生地阻挡在了来京的路上。接到消息，失望的王阳明遂第五次上疏，请求便道省亲。这一次，朝廷终于答应了他的请求。

正德十六年（1521）八月，王阳明回到了阔别已久的绍兴。九月到余姚祭扫祖坟。站在祖母的坟前，王阳明百感交集，回想自己自正德十一年（1516）十二月赴江西剿匪，随后又碰到宁王叛乱事件，连续在外征战将近五年，期间多次身临险境、命悬一线，连祖母病逝也没有机会见最后一面，如今回来，已经是阴阳两隔、物是人非。

十二月，因平定朱宸濠叛乱之功，王阳明被封“新建伯”(伯爵)。使者到达当天，正是父亲王华的生日。亲朋咸集，王阳明捧酒为父亲祝寿，父子二人间的对话令人感动，《年谱》记载如下：

翁蹙然曰：“宁濠之变，皆以汝为死矣而不死，皆以事难平矣而卒平。谗构朋兴，祸机四发，前后二年，岌乎知不免矣。天开日月，显忠遂良，穹官高爵，滥冒封赏，父子复相见于一堂，兹非其幸欤！然盛者衰之始，福者祸之基，虽以为幸，又以为惧也。”先生洗爵而跪曰：“大人之教，儿所日夜切心者也。”闻者皆叹会遇之隆，感盈盛之戒。[①]

宁王叛乱平息两年后，王阳明才被封赏，表面上是朝廷对王阳明的功劳予以表彰，但事件背后却暗含着内阁大臣杨廷和、费宏之流的阴谋。此次朝廷并没有按照王阳明当初上报的功劳册进行封赏，大量有功人员被杨廷和、费宏删改，这等于变相认定王阳明有“冒功领赏”的嫌疑，不承认他的功劳。钱德洪后来道出了原因：“先是先生平贼擒濠，俱琼先事为谋，假以便宜行事，每疏捷，必先归功本兵，宰辅憾焉。至是，欲阻先生之进，乃抑同事诸人，将纪功册改造，务为

① 钱德洪:《年谱二》,《王阳明全集》卷三十四，第1054页。

删削。”①

当初危难之际，为了争取人心、动员力量平息叛乱，王阳明在将士面前做了很多奖励封赏的承诺，现在大功告成，朝廷只封赏了自己，而对其他有功人员视而不见。想到自己和众将士出生入死，唯独自己受封，情何以堪？自己又该如何向将士们交代？

内阁这种卑鄙手段让王阳明异常愤怒，他连上两次《辞封爵普恩赏以彰国典疏》，认为“殃莫大于叨天之功，罪莫甚于掩人之善，恶莫深于袭下之能，辱莫重于忘己之耻”②，以辞免封赏抗议朝廷不守信诺的行为，但宰辅大臣对此丝毫不予理睬，反而指责他上疏言辞激烈，有“犯上”嫌疑。

“知我者谓我心忧，不知我者谓我何求？”想到其他将士翘首以盼，王阳明心中如同火烤般备受煎熬。

事实上，即使是对王阳明的封赏，朝廷也没有真正兑现过俸禄，原因是世宗本人不喜欢王阳明的心学。朱厚熜从小学习“四书五经”，是朱熹理学的坚定支持者，后来他甚至自己主持编写了一本有关朱熹理学的书籍，让各地刊印流通。朱厚熜登基之初召见王阳明，完全是为了“大礼议”的需要，现在既然危机已过，自然不再需要王阳明。他是不会允许别人动摇自己用来统治国家的“朱子圣学”的，因此对王阳明采

① 钱德洪：《年谱三》，《王阳明全集》卷三十五，第1055页。
② 王守仁：《辞封爵普恩赏以彰国典疏》，《王阳明全集》卷十三，第385页。

取了坚决打压的态度。

与此同时，随着“大礼议”事件的发展，内阁大臣之间的权力斗争进入白热化，杨廷和、费宏、张聪、桂鄂等人为了防止王阳明对自己的地位造成威胁，千方百计阻挠王阳明进入京城。在他们的授意下，吏部下旨任命王阳明为南京兵部尚书。王阳明升官了，朝廷表面上兑现了自己的奖励，但明眼人都知道，南京是陪都，王阳明的兵部尚书实际是一个没有太大权力的空职。

嘉靖元年（1522）二月，王阳明尚未来得及去南京上任，父亲王华突然去世。根据惯例，王阳明要丁忧，这是宰辅大臣们求之不得的事情，他们立即以最快速度安排其他人接替了南京兵部尚书的职务，把王阳明彻底排挤出了官场。

从嘉靖元年（1522）二月到嘉靖六年（1527）八月，王阳明一直闲居在绍兴。没有了官场上的喧嚣和忙碌，他可以有更多的时间来讲学，心学在这一时期得到了快速传播。

王阳明没有门户之见，凡是来向他学习的，不论出身贵贱、年龄大小，他都坦诚相待，毫无保留。全国各地来绍兴求学的人络绎不绝，多到周边连住宿的地方都不够用，王阳明为此专门建了一个书院。钱德洪记载了这一阶段的讲学盛况：

于是辟稽山书院，聚八邑彦士，身率讲习以督之。于是萧璆、杨汝荣、杨绍芳等来自湖广，杨仕鸣、薛宗铠、黄梦星等来自广东，王艮、孟源、周冲等来自直隶，何秦、黄弘纲等来自南、赣，刘邦采、刘文敏等来自安福，魏良政、魏良器等来自新建，曾忭来自泰和。宫刹卑隘，至不能容。盖环坐而听者三百余人。先生临之，只发《大学》万物同体之旨，使人各求本性，至极良知以至于至善，功夫有得，则因方设教。故人人悦其易从。[①]

在此期间，“大礼议”持续发酵，成为明朝历史上一个重要的事件。世宗为了维护自己的利益，大力提拔任用支持自己的官员，不少政治投机小人如桂萼、张聪等借此机会飞黄腾达，朝廷内顿时又变得乌云密布、暗流涌动。面对这一复杂的政治局势，王阳明内心充满了担忧，但他始终保持沉默，有人来向他请教“大礼议”相关问题，他也基本上避而不谈。

2. 出征广西，平息叛乱

嘉靖四年（1525），王阳明五十四岁。一月，他的原配夫人诸氏去世。王阳明回想夫妻二人走过的二十七个春秋，往事历历在目：十七岁自己在铁柱宫忘记了新婚之夜，让妻子独守空房；年轻时为了学业，自己奔波于京城和浙江两地，聚少散多；在宁王叛乱时，眼看朱宸濠追兵将至，妻子为了能让自己顺利逃脱，手持匕首坚持和其他家眷留在船上……夫妻二人出生入死，伉俪情深，唯一遗憾的是一直没有自己的亲生骨肉。王阳明四十三岁那年，由父亲王华做主，把堂

① 钱德洪：《年谱三》，《王阳明全集》卷三十五，第1060页。

弟的一个儿子王正宪过继给了他。一晃，已经过去了十一年。

诸氏死后，王阳明又续娶了张氏。嘉靖五年（1526）十一月，张氏生了一个儿子，取名王正聪（后改名王正亿），这也是王阳明唯一的嫡亲子嗣。

老来得子，人生一大喜事，乡贤纷纷作诗庆贺，王阳明也和了几首：

次韵为谢二首

其一

海鹤精神老益强，晚途诗价重珪璋。
洗儿惠兆金钱贵，烂目光呈奎井祥。
何物敢云绳祖武，他年只好共爷长。
偶逢灯事开汤饼，庭树春风转岁阳。

其二

自分秋禾后吐芒，敢云琢玉晚珪璋。
漫凭先德余家庆，岂是生申降岳祥。
携抱且堪娱老况，长成或可望书香。
不辞岁岁临汤饼，还见吾家第几郎？[①]

世事艰难，饱经沧桑的王阳明已经步入晚年，虽然他的心学影响越来越大，但也同时遭到来自世宗等程朱理学派的不断打压。经历了这么多，王阳明的良知学说已经接近炉火

① 王守仁：《嘉靖丙戌十二月庚申始得子年已五十有五矣六月静斋二丈昔与先公同举于乡闻之而喜各以诗来贺蔼然世交之谊也次韵为谢二首》，《王阳明全集》卷二十，第655页。

纯青，他对个人的名利得失、荣辱富贵早已视若浮云。

生活也许不完美，但活在当下就是幸福的。王阳明已经别无所求，他沉浸在老来得子的喜悦中。

“树欲静而风不止”。王阳明平静、惬意的生活突然被一道圣旨打乱：朝廷命令他去广西处理当地的叛乱问题。

广西田州岑猛为乱历来已久，其根源起于当地土官家族之间的权力争斗，明朝政府曾多次派人调停处理，但由于当事官员措施不当，问题一直没有得到解决。嘉靖五年，大臣姚镆率领大军进行征剿，杀死岑猛及其长子，以为大功告成，随即上报朝廷请赏，但因为引发问题的根本矛盾并没有得到彻底解决，且军事镇压手段过于残暴，致使当地土目卢苏、王受不久之后再次聚众叛乱，分别在田州和思恩各聚集数万人马对抗官兵，叛乱问题愈演愈烈。有御史弹劾姚镆“失策罔上”，世宗在不得已的情况下接受了大臣的推荐，命令王阳明与姚镆共同处理田州、思恩的问题。

此时的王阳明已经不是十年前那个意气风发的王阳明。首先，随着年事增高，他的身体状况大不如前，肺病越来越严重；其次，朝廷内部的权力斗争日益复杂，姚镆代表着部分人的政治主张和利益，背后关系错综复杂，问题没有那么好解决；此外，世宗、张聪、桂萼等人对心学的成见已经根深蒂固，不可能真的重用王阳明，现在是迫不得已、权宜之计，一旦情况有变，肯定会借此打压他。

王阳明上了一封情真意切的请辞信，陈述了自己不能胜任的理由。

第一，自己的身体状况非常糟糕，肺病已经非常严重，根本无法支撑；

第二，广西的局势还有回旋的余地，姚镆足可以胜任；

第三，如果真的需要派人去，他举荐了胡世宁和李承勋，认为他们足以承担此项工作。

然而，朝廷并没有批准王阳明的请求，下旨命令他立即前往，并且为了表示决心，朝廷同时下旨令姚镆立即致仕。

看到已经没有商量的余地，王阳明只能拖着病躯又一次为国出征。

出征时间定在九月初九。根据风俗，王阳明初八晚上在府内宴请了亲朋好友，客人散去后他又和钱德洪、王畿两个弟子在天泉桥上论学，重申了“王门四句教”：无善无恶是心之体，有善有恶是意之动，知善知恶是良知，为善去恶是格物。王阳明告诫弟子，以后教导学生要因材施教，不要过分执着本体与功夫的分别。此次谈话被后人称为“天泉证道”。

第二天，几个弟子为王阳明送行。他们随王阳明坐船沿着富春江溯流而上，一直送到富阳才依依惜别。他们没有想到，这次分别竟是师生的生死诀别。

王阳明坐船逆流而上，沿途经过桐庐、衢州、常山等地，随后进入江西境内，再经广信、贵溪、鹰潭，于十月份到达南昌。途中他游览了严子陵钓台，缅怀了这位余姚同乡，又拜访了一些友人。各地官员和学子听说王阳明路过，纷纷前来请教和送行。

在南昌，王阳明受到了当地百姓的热烈欢迎。大家焚香迎接这位恩人，王阳明的轿子被民众举在空中，以接力传递的方式进入官府大堂。《年谱》记载：

明日至南浦，父老军民俱顶香林立，填途塞巷，至不能行。父老顶舆传递入都司。先生命父老军民就谒，东入西出，有不舍者，出且复入，自辰至未而散，始举有司常仪。[①]

受弟子及友人邀请，王阳明又在南昌、吉安等地讲学，每次听众都达数百人之多，很多人因为没有办法近距离倾听而深以为憾。就这样，王阳明边走边讲，路上耗时两个多月，于十一月二十日到达广西梧州境内。

他顾不上歇息，立即在当地正式开府处理公务。首先，王阳明进行了声势浩大的军事部署工作，对卢苏、王受形成强大的军事震慑；与此同时，他也深入基层，广泛听取大家的意见，展开了紧锣密鼓的调研工作。

事实上，王阳明在途中已经了解了田州、思恩当地叛乱的来龙去脉，知道问题根源是朝廷一刀切的“改土归流”政策，而前期的办事官员又没有很好地执行政策，过度搜刮盘剥，激化了双方矛盾，最终导致问题愈演愈烈。根据他的判断，卢苏、王受二人也并不是十恶不赦的叛贼，事情还有回旋的余地。王阳明在广泛听取各级官员意见后，决定采用招抚的和平方式解决问题。

① 钱德洪:《年谱三》,《王阳明全集》卷三十五，第1076—1077页。

十二月，王阳明赶到平南县，与姚镆进行了公务交接，随后就开始部署招抚事宜。在他的尽力斡旋下，最终不费一兵一卒解决了田州、思恩的叛乱问题，卢苏、王受等人也心悦诚服，深受感化。

但此时王阳明的身体状况却越来越糟。他从浙江出发时就已经生病，路途奔波和繁忙的公务加剧了他的病情。从他写给弟子的信件中可以看出，除了肺病，他的脚疾也很严重，几乎不能走路，很多时候要人用软布兜抬着他外出办公。就是在这样的身体状况下，王阳明仍坚持处理好卢苏、王受受降的后续问题，并且为了当地的长治久安，他又组织军队对八寨、断藤峡一带的匪患进行了清剿，上《处置八寨、断藤峡以图永安疏》，汇报了作战情况，并提出了后续治理建议。

至此，王阳明已经出色地完成了出征广西的任务，他精疲力尽，身体再也无法支撑，唯一的愿望就是能返回千里之外的家乡。

3. 此心光明，亦复何言

王阳明给朝廷汇报了工作进展情况，请求朝廷允许自己返回家乡。但朝中以桂萼、张聪为代表的几个大臣，看到王阳明顺利处理了广西叛乱问题，一方面非常嫉妒他的功劳，另一方面又担心王阳明对自己地位造成威胁，就建议朝廷任命王阳明为两广巡抚。

对于朝廷内部的这些复杂情况，王阳明丝毫不知情，他只知道自己的身体一刻也无法再拖延。嘉靖七年（1528）八月，王阳明离开南宁东赴广城，途中拜谒了伏波将军马援的祀庙，庙里情景与他年轻时梦到的一样，那首梦里作的诗再次浮现在眼前：

卷甲归来马伏波，早年兵法鬓毛皤。

云埋铜柱雷轰折，六字题文尚不磨。

王阳明心中有一种异样的预感：难道一切真的都是注定？他再次作诗两首，悲悼自己的人生：

谒伏波庙二首①

其一

四十年前梦里诗，此行天定岂人为？

徂征敢倚风云阵，所过如同时雨师。

尚喜远人知向望，却惭无术救疮痍。

从来胜算归廊庙，耻说兵戈定四夷。

其二

楼船金鼓宿乌蛮，鱼丽群舟夜上滩。

月绕旌旗千嶂静，风传铃木九溪寒。

荒夷未必先声服，神武由来不杀难。

想见虞廷新气象，两阶干羽五云端。

马援一生南征北战，最终战死沙场，死后却受到小人诬

① 钱德洪：《年谱三》，《王阳明全集》卷三十五，第1088—1089页。

陷，功名被除，王阳明是否也料到自己死后遭遇和马援如出一辙？

不过此时的王阳明，已经无暇顾及这么多，他唯一的心愿就是能赶快返回老家，调养自己虚弱的身体。他再次上疏朝廷，陈述了自己的身体状态，请求立即派人来接替他的工作，并允许他回家养病。他甚至等不及朝廷的批复，就先行安排好了地方事务，并计划在粤、赣交界的韶州一带等候新的两广巡抚到来。

王阳明拖着虚弱的身体苦苦等待，他命人把行李打包好，自己住在船上，天天在算朝廷的信使应该走到何处，只等着新的官员一到就立即启程。

王阳明不知道的是，自己的期盼注定只能落空，因为他的奏疏都被内阁大臣桂萼故意扣留下来不报，朝廷内其他官员根本不知道他的情况。就这样，王阳明每天望眼欲穿，他不知道自己只是在白白地浪费时间，盼望着那个根本不可能到来的接替人员。

随着时间的推移，王阳明心中的忧虑不断增加。在给黄绾的信中，他写道：

巡抚官久未见推，仆非厌外而希内者，实欲早还乡里耳。恐病势日深，归之不及，一生未了心事，石龙其能为我恝然乎？身在而后道可弘，皮之不存，毛将焉附？[1]

十一月，天气已经变冷，王阳明还是没有等到消息，他

① 王守仁:《与黄宗贤》,《王阳明全集》卷二十一，第687页。

不知道出了什么问题，但觉得自己不能再拖延下去了，他终于决定擅自动身出发。在给何廷仁的书信中，他说：

区区病势日狼狈，自至广城，又增水泻，日夜数行不得止。至今遂两足不能坐立，须稍定，即逾岭而东矣。[1]

苦等三个月，错失了治疗机会，王阳明隐约预感到自己的生命即将走到尽头，他只想保留最后一口气息赶回绍兴老家。

十一月一日，他上了《乞骸骨疏》，然后离开广城启程北上。

十一月二十一日，越过大庾岭进入江西，门人、江西布政使王大用担心王阳明无法支撑到家，就派人秘密准备了棺材跟在他的船后。

十一月二十五日，王阳明到达南安，其门人南安推官周积前来拜见。王阳明询问了周积近来的学问情况，周积作了简单的汇报，然后问王阳明的病情怎么样，王阳明答："病势危亟，所未死者，元气耳。"[2] 周积马上请医生来为老师诊治开药。

嘉靖七年十一月二十八日（公历1529年1月8日），船到达南安青龙镇附近，王阳明已经奄奄一息，但神志清醒，他问了侍者这是什么地方，距离南康还有多远。侍者说还差三邮。王阳明说赶不到了。

次日早上，他靠着侍者坐起来，把衣冠理正，让人把周

① 钱德洪：《年谱三》，《王阳明全集》卷三十五，第1090页。
② 钱德洪：《年谱三》，《王阳明全集》卷三十五，第1091页。

积叫到跟前，说："吾去矣。"周积含着眼泪问："老师还有什么遗言？"王阳明费力地微微一笑，道："此心光明，亦复何言？"说完永远地闭上了眼睛。

4. 落葬兰亭，功过自明

王阳明去世的消息传出后，亲人和各地的弟子纷纷赶来，灵柩经赣州、吉安、南昌、贵溪、广信，然后过玉山进入浙江境内，一路上各府县官员和百姓纷纷自发前来护送和吊唁。

嘉靖八年（1529）二月初四，灵柩到达绍兴，在王阳明的伯爵府设灵堂，每天来吊唁者上百人。在门人的帮忙操办下，十月十一日，王阳明被安葬在绍兴兰亭的洪溪高村。

葬礼举行时，有来自全国的数千学生、朋友、官员为他送行，而与此形成鲜明对比的是朝廷冷淡的态度。

王阳明作为朝廷官员，生前为明王朝屡立奇功，被封为新建伯，去世时还担任两广巡抚；同时作为一代大儒及心学宗师，他在朝野都有很大的影响。按照惯例，像他这样的人应该得到朝廷的谥号和表彰，但事实与此相反，朝廷不仅没有嘉奖王阳明，还在忙着讨论如何给一个已经死去的人定罪。

这一切的幕后主使是明世宗朱厚熜，但直接原因是桂萼等一帮内阁小人。他们扣押了王阳明的奏疏，然后上疏诬陷他返回浙江是擅离职守，并指责他处理思、田事宜措施不当，不应该使用招抚手段，影响了朝廷的威严。此外，他们还指使人攻击王阳明征剿八寨、断藤峡的行为是未奉成命、擅自作主，甚至有人再次诬陷王阳明当年平定宁王叛乱是冒领军功。世宗下令相关部门讨论如何给王阳明定罪，桂萼趁机诋毁阳明心学是“伪学”，建议取消王阳明的所有封赏，并禁止心学。

好在黄绾、周廷等人上疏极力为王阳明辩解，双方争论不下。世宗最后不得已发表观点，他对朝臣说：

守仁放言自肆，诋毁先儒，号召门徒，声附虚和，用诈任情，坏人心术。近年士子传习邪说，皆其倡导。至于宸濠之变，与伍文定移檄举兵，仗义讨贼，元恶就擒，功固可录；但兵无节制，奏捷夸张，近日掩袭寨夷，恩威倒置。所封爵，本当追夺，但系先朝信令，姑与终身；其殁后恤典，俱不准给。都察院仍榜谕天下，敢有踵习邪说，果于非圣者，重治不饶！[①]

王阳明受到的不公待遇引起他的学生和正义之士的强烈反对，他们奔走呼号，希望能为王阳明雪冤。

嘉靖皇帝去世，穆宗朱载垕继位。隆庆元年（1567）五月，穆宗下令吏部、礼部会议，认为：“王守仁具文武之全才，阐圣贤之绝学，筮官郎署，而抗疏以犯中珰，甘受炎荒之谪。建台江右，而提兵以平巨逆，亲收社稷之功。伟节奇勋，久见推于舆论。封盟锡典，岂宜遽夺于身终？”[②] 疏上，穆宗下诏赠王阳明为“新建侯”，追谥为“文成”。

①《明世宗实录》卷九十八。

② 钱德洪：《年谱附录一》，《王阳明全集》卷三十六，第1116页。

万历十二年（1584），神宗朱翊钧又下旨，令王阳明从祀孔庙。

至此，王阳明一生的功劳和学说终于得到了认可，只是这一结果足足迟到了五十五年。

翻开历史，王阳明的命运与汉代马援将军有着惊人的相似。马援一生南征北战，屡建奇功，建武二十五年（49），他在讨伐五溪蛮时身染重病，不幸去世。死后遭人构陷，被光武帝刘秀收回新息侯印绶，直到汉章帝时才获得平反，追谥“忠成”。唐德宗时，马援成为武成王庙六十四将之一，宋徽宗时又被加封为忠显佑顺王，位列武庙七十二将。

历史，总是在不断地重复。

5. 本篇小结

王阳明作为一代心学宗师，满怀着对天下苍生的悲悯，鞠躬尽瘁，死而后已，身体力行地践行了自己提出的良知学说。

纵观王阳明的一生，他在探索圣学的道路上历经坎坷，一波三折。湛若水说他有“五溺”，即“初溺于任侠之习，再溺于骑射之习，三溺于辞章之习，四溺于神仙之习，五溺于佛氏之习。正德丙寅，始归正于圣贤之学”[①]。由“五溺说”可以看出王阳明探索圣学道路上的曲折和艰难。他也曾向学生

① 湛若水:《阳明先生墓志铭》,《王阳明全集》卷三十八，第1149页。

讲述过自己的心路历程：

某十五六岁时，便有志圣人之道。但于先儒格致之说若无所入，一向姑放下了。一日寓书斋，对数茎竹，要去格他理之所以然，茫然无可得。遂深思数日，卒遇危疾，几至不起。乃疑圣人之道恐非吾分所及，且随时去学科举之业。既后心不自已，略要起思，旧病又发。于是又放情去学二氏，觉得二氏之学比之吾儒反觉径捷，遂欣然去究竟其说。后至龙场，又觉二氏之学未尽，履险处危，困心衡虑，又豁然见出这头脑来，真是痛快，不知手舞足蹈。此学数百年想是天机到此也，该发明出来了，此必非某之思虑所能及也。[1]

由以上这段话可以看出，王阳明有崇高的人生追求，一生以恢复圣学为己任，即使在人生跌入谷底的时候，也不曾气馁，没有放弃，显示了他超人般的坚强意志。

是的，人生充满了挑战，只有坚强的意志才是一路劈风斩浪、勇往直前的可靠保证。

① 束景南，查明昊辑编：《王阳明全集补编》，上海古籍出版社，2016年版，第329–330页。

第五章　从"知行合一"到"致良知"——阳明心学的四个发展阶段

在系统介绍阳明心学内容之前，我们有必要再次梳理王阳明的思想发展过程，把握其中的脉络。

1. 阳明心学发展阶段的划分

王阳明的弟子钱德洪在《刻文录叙说》中指出：

先生之学凡三变，其为教也亦三变：少之时，驰骋于辞章；已而出入于二氏；继乃居夷处困，豁然有得于圣贤之旨：是三变而至道也。居贵阳时，首与学者为"知行合一"之说；自滁阳后，多教学者静坐；江右以来，始单提"致良知"三字，直指本体，令学者言下有悟：是教亦三变也。①

钱德洪认为王阳明学习有"三变"，教学也有"三变"。他根据王阳明不同阶段的教学方法，将其教学分为三个阶段："知行合一"为第一变，教学生静坐为第二变，"致良知"为第三变。

① 钱德洪：《刻文录叙说》，《王阳明全集》卷四十一，第1306页。

无独有偶，黄宗羲在《明儒学案·姚江学案》中也有类似的观点：

先生之学，始泛滥于词章，继而遍读考亭之书，循序格物，顾物理吾心终判为二，无所得入。于是出入于佛、老者久之。及至居夷处困，动心忍性，因念圣人处此更有何道？忽悟格物致知之旨，圣人之道，吾性自足，不假外求。其学凡三变而始得其门。自此以后，尽去枝叶，一意本原，以默坐澄心为学的……江右以后，专提“致良知”三字，默不假坐，心不待澄，不习不虑，出之自有天则……居越以后，所操益熟，所得益化，时时知是知非，时时无是无非，开口即得本心，更无假借凑泊，如赤日当空而万象毕照。是学成之后又有此三变也。①

从钱德洪和黄宗羲的话语中我们不难看出，王阳明的教学思想在龙场悟道后有一个发展演变的过程，二人都主张发生了三次变化。不过，根据《年谱》记载，我们发现王阳明的教法实际经历了四个演变阶段，具体如下：

“知行合一”阶段：正德三年（1508）至正德四年（1509）；

“静坐体悟”阶段：正德五年（1510）至正德八年（1513）；

“存天理，去人欲”阶段：正德九年（1514）至正德十四年（1519）；

“致良知”阶段：正德十五年（1520）至嘉靖八年（1529）。

也就是说，在钱德洪和黄宗羲主张的“第二变”和“第三

① 黄宗羲：《明儒学案》卷十，中华书局，2008年版，第180页。

变”之间，其实还存在着一个过渡阶段。

据《年谱》记载，正德九年（1514）五月，王阳明离开滁州到南京任职。有一天，一个从滁州来的客人告诉王阳明，滁州的很多学生“放言高论”，也有逐渐违背师门教导的人。王阳明说：

吾年来欲惩末俗之卑污，引接学者多就高明一路，以救时弊。今见学者渐有流入空虚，为脱落新奇之论，吾已悔之矣。故南畿论学，只教学者“存天理，去人欲”为省察克治实功。[①]

由王阳明这段话可以看出，他对学生“流入空虚，脱落新奇之论”的动向其实也早有觉察，所以他到南畿（南京）以后，就有意识地调整了教学方法，“只教学者存天理，去人欲，为省察克治实功”。由此可见，从正德九年（1514）开始，王阳明就已经不再公开或大规模教授学生静坐了，一直到正德十五年（1520），王阳明在江西正式提出“致良知”，期间足足有四至五年的时间，他都采用的是“存天理，去人欲”的教学方法。

钱德洪和黄宗羲为什么没有把这一阶段单独作为一“变”呢？其中的原因很可能是他们觉得“存天理，去人欲”这个提法不是王阳明的首创。“存天理，去人欲”是宋代学者提出的主张，目的是抑制私欲、重塑社会伦理，是王阳明之前的先儒（主要是程朱理学）一直在使用的提法。这如同地上原来就有一条路，探险者只有找到新的出路，才称得上是发现，如

① 钱德洪：《年谱一》，《王阳明全集》卷三十三，第1014页。

果没有找到新路，探险者被迫又回到原来老路上的时候，自然不能被称为有新发现。因此，“存天理，去人欲”的教学方法不能算王阳明的创新也是理所当然的事情。

本书在此把“存天理，去人欲”作为一个独立阶段，不是为了标新立异，而是希望能如实还原王阳明思想发展的实际历程，有助于读者更好地把握其思想演变的过程。

王阳明最早提出的是“知行合一”，到了晚年却把自己的学说归结为“致良知”，这期间发生了什么？“知行合一”与“致良知”二者之间是什么关系？为了弄明白这些问题，我们有必要对王阳明的思想演变过程再次进行梳理。

2.“知行合一”阶段

正德三年（1508），三十七岁的王阳明在贵州龙场悟透“格物致知”之旨，发现圣人与凡人最大的区别在心，“格物”的本义是正心，这其实就是“心即理”的原型。

时任贵州提学副使的席书（号元山）在拜访王阳明时，问了他一个敏感问题：朱熹和陆九渊的学问异同在哪里？王阳明对此笑而不谈，而是话题一转，讲述了自己在龙场悟到的格物学说。席书听了似乎不大认同，当天半信半疑告辞而去。不过第二天席书又来了，因为他回去想了想王阳明的话似乎有那么点儿道理，所以心有不甘，想一探究竟。就这样，席书先后往返四次，最后豁然开朗，彻底信服了王阳明的学说，认为“圣人之学复睹于今日”。

《年谱》没有记载王阳明具体讲了什么，但是从后边的情况看，应该是他悟到的格物学说和“知行合一”。因为席书回去后立即动手修葺贵阳的文明书院，然后带领本地学子郑重邀请王阳明到贵阳讲学。正德四年（1509），王阳明在贵阳文明书院开始讲学，并公开提出了“知行合一”。

王阳明在龙场实际悟到的是“心即理”，为什么却会提出“知行合一”呢？这要从“知行”这一哲学命题的来源说起。

“知”与“行”是中国古代哲学中特有的一对关系范畴，并不是一个新鲜的话题。最早论及“知行”的是《尚书》，有“非知之艰，行之唯艰”之说，意思是知道并不难，难在做到；《左传》也有“非知之实难，将在行之”的论述；到了宋朝，程颐提出“故人力行，先须要知，非特行难，知也难也”[①]，认为知难行亦难；朱熹对程颐的说法进行了发挥，他说：“致知力行，论其先后，固然以致知为先，然论其轻重，则当力行为重。”又说：“论先后，知为先；论轻重，行为重。”[②]朱熹的知行观可以概括为“知先行后，知轻行重”。

王阳明龙场悟道后，对儒家圣学有了更深刻的认识，他反思了朱熹“知行”观的不足，认为“知先行后，知轻行重”容易产生以下误导。

第一，只有先知了才能行，不知就无法行。这种观念导

① 程颢，程颐：《二程集》，中华书局，1981年版，第187页。
② 黎靖德编：《朱子语类》卷九，崇文书局，2018年版，第112页。

致部分儒家知识分子以钻研经书为头等要事，热衷于理论探讨，高谈阔论、标新立异，而不注重实行。王阳明曾指出："天下所以不治，只因文盛实衰，人出己见，新奇相高，以眩俗取誉，徒以乱天下之聪明，涂天下之耳目，使天下靡然争务修饰文词，以求知于世，而不复知有敦本尚实、返朴还淳之行，是皆著述者有以启之。"①

第二，重行轻知，导致私欲泛滥。"行重于知"，容易使人产生"我只是有不好的念头，又没有去行动，所以没有关系"的想法。殊不知"千里之堤，毁于蚁穴"，知是行的开始，不重视知很容易导致私欲泛滥。王阳明发现知行分离、知行脱节是整个社会风气虚浮的根源，也是圣人之学无法实行的症结所在。他曾对学生说："此不是小病痛，其来已非一日矣。某今说个知行合一，正是对病的药。又不是某凿空杜撰，知行本体原是如此。"②

"知行合一"就是要求人们遵从自己内心的真知（当时王阳明还没有悟出良知学说）去行动，知与行之间实现无缝对接，浑然一体，从而杜绝知行脱节的弊病。可以说，"知行合一"既是王阳明针对当时社会风气开出的一剂药方，也是他把"心即理"这一理念落到实处的首次尝试。

① 王守仁:《传习录上》,《王阳明全集》卷一，第7-8页。
② 王守仁:《传习录上》,《王阳明全集》卷一，第4页。

3. “静坐体悟”阶段

正德四年（1509）十二月，王阳明离开贵阳到江西庐陵上任。途经湖南常德、辰州等地时，他遇到了冀元亨、蒋信、刘观时等一批学生，开始尝试静坐的教法，发现效果很好，他十分欣喜，随即“悔昔在贵阳举知行合一之教，纷纷异同，罔知所入”[①]。

由这个“悔”字可以看出，王阳明在贵阳的“知行合一”教学效果并不理想。“知行合一”虽然意蕴深远，但在实践教学中难度很大，很重要的一个原因是朱熹“知先行后”思想影响太深。在常人看来，知道了怎么做面包，才能去动手做面包，“知先行后”这是常识，怎么会有错呢？

但“常识”真的就是绝对真理吗？这如同大多数人相信一加一等于二，不是因为自己曾经证明过，而是因为我们觉得这是普通人都知道的常识，常识还能有错吗？

可是，古人也有“三人成虎”的说法，说明人们的很多主观想法是靠不住的。仔细想想，“常识”在历史上也确实欺骗过人类。例如，在哥白尼的“日心说”被接受之前，“地心说”就被当作一种“常识”，可见人类思维定势的可怕。

王阳明当时也遭遇了类似问题，“知先行后”被人们作为常识，“知行合一”则是一个与“常识”相左的命题。人们在主观上很难接受“知行合一”，就算主观上想接受，客观上也

① 钱德洪：《年谱一》，《王阳明全集》卷三十三，第1009页。

有很大的难度，因为大多数人无法理解王阳明讲的“知行合一”本体。

究其原因，王阳明之所以会提出“知行合一”，一个重要的原因是他有静坐的体验，而其他人缺乏这种体验。这如同一个吃过苹果的人，要把苹果的味道告诉没有吃过的人，单靠语言是非常困难的。因为无论如何描述，双方在体验上总是会出现一些误差，原因是语言本身就是“第二义”的，它和“第一义”的事物永远无法画上等号。把苹果味道传达给他人最好的办法就是让对方吃一个——通过亲身体验直达本体。

同样，解决“知行合一”本体的方法也必须要有亲身体验才行。亲身体悟，这是心学的一个特点，也是东方哲学的一个重要特色。

王阳明在湖南遇到的几个学生都很好学，但缺乏真切的体验。为此，从冀元亨、蒋信等学生开始，王阳明采取了“静坐体悟”的教学手段。经过尝试，他发现这种教学方法效果很好，达到了事半功倍的效果。这个意外发现让王阳明感到惊喜，也促使他开始有意识地改变自己的教学方式，逐渐转向以教学生静坐为主。这也正是钱德洪和黄宗羲所说的“第二变”。

王阳明在滁州任职期间，教人静坐的教学方法达到了顶峰。《年谱》记载：

滁山水佳胜，先生督马政，地僻官闲，日与门人遨游琅琊、瀼泉间。月夕则环龙潭而坐者数百人，歌声振山谷。诸生随地请正，踊跃歌舞。旧学之士皆日来臻。于是从游之众自滁始。①

期间学生踊跃提问，其中不少问题都与静坐有关。

孟源问："静坐中思虑纷杂，不能强禁绝。"先生曰："纷杂思虑，亦强禁绝不得；只就思虑萌动处省察克治，到天理精明后，有个物各付物的意思，自然精专无纷杂之念；《大学》所谓'知止而后有定'也。"②

静坐体悟是一个捷径，不过也有一定弊端。

在常人观念里，静坐是禅宗最常用的方法，现在王阳明公开大肆教学生静坐，因此遭到不少人的质疑。有人怀疑王阳明教的是禅宗而非儒学，这种质疑声音是王阳明非常忌惮的。

儒家向来把佛老作为批判的对象，王阳明也不例外。他曾公开反对过佛老，也强调自己的学说与禅宗不是一回事。在离开常德和辰州后，他曾写信给冀元亨、刘观时等，信中明确指出："前在寺中所云静坐事，非欲坐禅入定。盖因吾辈平日为事物纷拏，未知为己，欲以此补小学收放心一段功夫耳。明道云：'才学便须知有著力处，既学便须知有著力处。'诸友宜于此处著力，方有进步，异时始有得力处也。"③

虽然王阳明一再强调静坐是为了"补小学收放心一段功

---

① 钱德洪:《年谱一》,《王阳明全集》卷三十三，第1013页。
② 钱德洪:《年谱一》,《王阳明全集》卷三十三，第1013页。
③ 王守仁:《与辰中诸生》,《王阳明全集》卷四，第125页。

夫”，只是学习的手段而非目的，但还是有不少学生误入歧途。部分学生静坐有一定境界后，常常喜欢谈论静坐中的个人体验，其中不乏惊人之论，而且学生中也渐渐形成了一种“喜静厌动”的风气，一个叫刘君亮的弟子甚至打算去山中静修。这种现象让王阳明感到担忧。

4. “存天理，去人欲”阶段

经过思考，王阳明不再以静坐为主要教学方法，而是倡导“省察克治”的学修方法。王阳明后来回忆道：“吾年来欲惩末俗之卑污，引接学者多就高明一路，以救时弊。今见学者渐有流入空虚，为脱落新奇之论，吾已悔之矣。故南畿论学，只教学者‘存天理，去人欲’为省察克治实功。”[①]

这是王阳明教学方法的第三次调整。很明显，这是无奈之举。

“知行合一”教法虽然富有创意，但学生很难理解，没有办法入门；静坐体悟是对“知行合一”教法的改进，也是一个捷径，但是有误入坐禅的风险。

一种教法新颖却难以理解，另一种教法便捷却易误入歧途。

王阳明左右为难，苦恼，实在是苦恼！在没有更好的方法之前，王阳明只好先对原来的这两种教法淡化，借用了宋

① 钱德洪:《年谱一》,《王阳明全集》卷三十三，第 1014 页。

儒的“存天理，去人欲”来教人。

“存天理，灭人欲”是儒家的一个老话题。据《礼记·乐记》载：“夫物之感人无穷，而人之好恶无节，则是物至而人化物也。人化物也者，灭天理而穷人欲者也。于是有悖逆诈伪之心，有淫泆作乱之事。”[①] 所谓“灭天理而穷人欲者”就是指泯灭了天理而为私欲所欲为者。二程说：“人心私欲，故危殆。道心天理，故精微。灭私欲则天理明矣。”[②] 朱熹进一步解释道：“孔子所谓‘克己复礼’，《中庸》所谓‘致中和’，‘尊德性’，‘道问学’，《大学》所谓‘明明德’，《书》曰‘人心惟危，道心惟微，惟精惟一，允执厥中’，圣贤千言万语，只是教人明天理，灭人欲。”[③] 至此，“存天理，灭人欲”成为程朱理学中很著名的一个口号。所谓“存天理，灭人欲”也就是要求人在心念上用功，时时省察克治自己的念头，如果念头符合天理就保留，不符合天理的就灭掉。

“存天理，去人欲”这种省察克治的教法，是王阳明不得已采取的权宜之计，虽然暂时避免了前两种教法的弊端，但也有陷入先儒老路的危险。对王阳明而言，这种提法并不能把自己所悟一语道出，终究不是他想要的。比如有人问王阳明什么是“天理”，什么是“未发之中”，王阳明总是让对方自己去琢磨，他说：“哑子吃苦瓜，与你说不得。你要知此苦，

① 陈茂国:《礼记校注》，岳麓书社，2004 年版，第 274 页。
② 程颢，程颐:《二程集》，中华书局，1981 年版，第 312 页。
③ 黎靖德编:《朱子语类》卷十二，崇文书局，2018 年版，第 154 页。

还须你自吃。”[1]

如何把自己的学说简洁、明白地概括出来，这是王阳明一直在苦苦思考的问题。可惜灵感一直没有出现，他曾说：“近欲发挥此，只觉有一言发不出，津津然如含诸口，莫能相度。”[2]肚里明明有东西，但是无法用语言表达出来，这种欲吐不能的痛苦让王阳明颇受折磨。

当然，从客观角度而言，这是王阳明学问锤炼的必经阶段，这如同烈火中炼钢，不经过“千锤百炼”，就不会出现“绕指柔”的结果。

这种纠结的状态持续了四五年之久，冥冥中，王阳明和他的心学似乎都在等待着一场考验和磨炼。

5. “致良知”阶段

如果说被贬龙场是王阳明人生中的第一场大考验，那么宁王叛乱事件可以说是他人生中的第二场大考验。第一场大考验直接催生了龙场悟道，第二场大考验则激发了“致良知”的问世。

宁王叛乱初期，敌军势如破竹，气焰嚣张，当地百姓人心惶惶。有人提醒王阳明征调的军队可能会受朱宸濠利诱叛变，

① 王守仁：《传习录上》，《王阳明全集》卷一，第33页。
② 钱德洪：《年谱二》，《王阳明全集》卷三十四，第1051页。

王阳明沉思良久说了一句:“天下尽反，我辈固当如此做。”[1] 这种置个人生死于度外的凛然大义令在场之人无不动容。

平息朱宸濠叛乱后，王阳明又陷入了张忠、许泰、江彬等小人的中伤和刁难处境中。这种折磨如同火上炙烤，让人备受煎熬。在最无助的时候，王阳明夜晚坐在芜湖的河边感叹道:“以一身蒙谤，死即死耳，如老亲何?”又对学生说:“此时若有一孔可以窃父而逃，吾亦终身长往不悔矣。”[2] 他对父亲的孝心是真切的，对亲人的爱是深沉的，可是当个人利益和百姓利益发生冲突的时候，王阳明最终还是选择了百姓。

可以想象，王阳明作出这些抉择的艰难。他如同处于一盘杀机四伏的棋局，每一步都可能影响全局，每一步也都事关生死。也许在无数个夜晚，这些抉择都折磨着他的内心。何去何从?做还是不做?直面还是逃避?保护亲人还是百姓?没有人可以告诉他，他唯一能依赖的就是自己的良知。

当人处在利害交织、前途未卜、内心无所适从的复杂环境中时，唯一能信赖的就是自己的良知。是的，唯有遵循良知，才能让自己的内心获得安宁，哪怕为此付出生命的代价。

在此期间，王阳明作了一首《啾啾吟》，有几句很能代表他的心得。

知者不惑仁不忧，君胡戚戚眉双愁?

信步行来皆坦道，凭天判下非人谋。

---

① 钱德洪:《年谱二》,《王阳明全集》卷三十四，第1036页。

② 钱德洪:《年谱二》,《王阳明全集》卷三十四，第1042页。

……

人生达命自洒落，忧谗避毁徒啾啾！[①]

这首诗可以视作王阳明“致良知”的前奏，也暗含了“致良知”学说的宗旨。

宁王事件暂时告一段落，正德十五年（1520），身心疲惫的王阳明在知天命之年正式提出了“致良知”学说。他在给学生邹守益的信中谈道：“近来信得‘致良知’三字，真圣门正法眼藏。往年尚疑未尽，今自多事以来，只此良知无不具足。譬之操舟得舵，平澜浅濑，无不如意，虽遇颠风逆浪，舵柄在手，可免没溺之患矣。”[②]

至此，王阳明的心学体系构建完成，“致良知”成为他一生学说的总结。他晚年在给继子王正宪的信中说：“吾平生讲学，只是‘致良知’三字。”[③]

6.“知行合一”与“致良知”的关系

以上是阳明心学的发展过程和内在脉络，需要说明的是，四个阶段的划分是为了方便阐释王阳明思想的发展过程，划分的依据是他教导学生的为学方法。

四个阶段的方法虽然不同，但内在逻辑上完全一致，王

① 王守仁:《啾啾吟》,《王阳明全集》卷二十，第 648 页。
② 钱德洪:《年谱二》,《王阳明全集》卷三十四，第 1050 页。
③ 王守仁:《寄正宪男手墨二卷》,《王阳明全集》卷二十六，第 818 页。

阳明只是在不断改进自己的表述方式和教学方法，却从未否定过自己的思想。例如，王阳明晚年（1526）曾写过一篇《答友人问》，再次阐述了自己“知行合一”的理论，他说：

知之真切笃实处，便是行；行之明觉精察处，便是知。若知时，其心不能真切笃实，则其知便不能明觉精察；不是知之时只要明觉精察，更不要真切笃实也。行之时，其心不能明觉精察，则其行便不能真切笃实；不是行之时只要真切笃实，更不要明觉精察也。知天地之化育，心体原是如此。乾知大始，心体亦原是如此。①

王阳明认为“知行合一”的“知”就是心体之“知”，就是“良知”，“知行合一”其实就是“致良知”。

从内在逻辑上看，“致良知”不是对“知行合一”及静坐教法的否定，而是对二者的一次扬弃和升华。体现在以下几个方面：

首先，“致良知”是功夫和本体的统一，可以有效避免前两种教法的偏差。“致”就是扩充到极致，含有行动的意思，“良知”就是心本体的“知”，“致良知”就是按照良知去行动，也就是所谓的“知行合一”。但与“知行合一”相比较，“致良知”这一提法更具体直白。

其次，“致良知”不分动静，淡化了功夫的动、静区别。静坐教法让部分学生误以为学问修养必须在静处做，所以有误入禅宗的危险。“致良知”暗含功夫是一个不间断的过程，

① 王守仁：《答友人问》，《王阳明全集》卷六，第 177 页。

有事、无事都需要“致”，这就淡化了对静坐的苛求。因此，与“知行合一”和“静坐体悟”相比，“致良知”显得更圆融。

最后，“致良知”也标识了阳明心学的儒家血统。“致良知”根源于《大学》的“致知”和《孟子》的“良知”，带有明显的儒家特色，具有身份标识作用。正如王阳明所说，“我此良知二字，实千古圣圣相传一点滴骨血也。”[①]

从“知行合一”到“致良知”，王阳明走过了一段艰辛的人生历程，所受的挫折和痛苦也许只有他自己才知道。“致良知”三字来之不易，回想自己一路上的跌跌撞撞和摸爬滚打，王阳明曾经感叹道：“此理简易明白若此，乃一经沉埋数百年。”又说：“某于此良知之说，从百死千难中得来，不得已与人一口说尽。只恐学者得之容易，把作一种光景玩弄，不实落用功，负此知耳。”[②]

① 钱德洪:《年谱二》,《王阳明全集》卷三十四，第 1050 页。
② 钱德洪:《年谱二》,《王阳明全集》卷三十四，第 1050 页。

下

阳明心学的主要内容及当代意义

第一章　修身先正心
——阳明心学的入门篇《大学问》

王阳明的学问为什么被称为“心学”？它和程朱理学是什么关系？这些都是学习阳明心学需要弄明白的问题。《大学问》这篇文章被钱德洪誉为“师门教典”，是学习阳明心学的入门篇。

1. 儒家的秘密——《大学》

在不少人的观念里，阳明心学与程朱理学是相互对立的，二者似乎是水火不容、非此即彼的关系。这种想法其实是错误的。阳明心学与程朱理学的关系如同亲兄弟，二者有着难以割舍的血缘关系。具体来说，阳明心学与程朱理学同属于儒家学说，都以孔孟为宗，终极目的都是圣人人格，目标完全一致，只是对某些问题看法不同，各自主张的方法有所差异。

打个比方，儒家思想如同一条河流，程朱理学和阳明心学则是宋明时期儒家学说中最壮观的两条分流，它们之间是同源异流的关系，其中“异”的最明显体现就是对儒家经典《大学》的解读。

在宋代以前，儒家的经学基本是以“五经”为主。自隋唐以来，随着佛道两教的快速发展，儒家思想受到很大的冲击，传统的“五经”已经不能适应社会的发展。尤其是随着信众大量减少，儒家的社会影响力日益衰减，儒家知识分子不得不寻找新的出路。而这一历史重任落在了宋代儒人的肩上。为了重振儒家道统，适应社会发展带来的挑战，宋儒迫切需要对旧有的经典作出新的诠释。在此背景下，“四书”（《大学》《中庸》《论语》《孟子》）应运而生，并逐渐取代了“五经”的地位。

《大学》原为《礼记》第四十二篇，相传为曾子所作，宋代以前并未引起特别重视。最先对《大学》重视的是程颢、程颐二兄弟，他们认为《大学》存在错简的问题，因此对《大学》文本进行了修改，并推出了自己的《大学改本》。朱熹一直以二程为宗，对伊川先生尤为推崇，但也认为二程的改本不够完美，于是在二程改本的基础上，又对《大学》文本进行了新的改动，包括区分经文、传文、变更传文顺序、补充传文等，这就是后来影响很大的《大学章句》①。

朱熹生前其实并不得志，他的学说在当时的影响也没有后来那么大，甚至一度被定为“伪学”，遭到“学禁”。但从元

① 参见张云：《论朱子修正〈大学〉文本的依据及意义》，《东岳论丛》，2019年第4期，第161-167页。

代开始，朱熹的思想逐渐受到统治阶级的重视，并被用来作为科举考试的内容；到了明朝，朱熹被册封为圣人，其思想影响进一步增强，被官方定为儒家正统，成为科举考试录用人才的唯一标准。朱熹注解的“四书”也成为最热销的书籍。

《大学》能位列“四书”之首，与它的特殊地位有关。朱熹在《四书章句集注》中言：“子程子曰：‘大学，孔氏之遗书，而初学入德之门也。’于今可见古人为学次第者，独赖此篇之存，而论、孟次之。学者必由是而学焉，则庶乎其不差矣。”① 由朱熹这段话可看出，正是这种“入门”作用决定了《大学》在儒家经典中的地位与价值。

“初学入德之门”，就是说学习儒家学说必须由此开始，换句话说，这也是儒家圣人学说的“入门心法”。这种“心法”集中体现在《大学》首章，内容如下：

大学之道，在明明德，在亲民，在止于至善。

知止而后有定，定而后能静，静而后能安，安而后能虑，虑而后能得。物有本末，事有终始，知所先后，则近道矣。

古之欲明明德于天下者，先治其国；欲治其国者，先齐其家；欲齐其家者，先修其身；欲修其身者，先正其心；欲正其心者，先诚其意；欲诚其意者，先致其知；致知在格物。

物格而后知至，知至而后意诚，意诚而后心正，心正而后身修，身修而后家齐，家齐而后国治，国治而后天下平。

自天子以至于庶人，壹是皆以修身为本。其本乱而末治者

① 朱熹：《四书章句集注》，中华书局，1983年版，第3页。

否矣，其所厚者薄，而其所薄者厚，未之有也！

这段话耳熟能详，也是人们常说的《大学》“三纲”和“八目”。所谓“三纲”，即“大学之道，在明明德，在亲民，在止于至善”；“八目”指“格物”“致知”“诚意”“正心”“修身”“齐家”“治国”“平天下”。简单说来，“三纲”指明了儒家修证的纲领，“八目”则阐述了修证的具体步骤。

“八目”中从“格物”到“平天下”是层层递进的关系，如同上楼梯，必须从最低处开始，因此“格物”就显得尤为重要。正如王岳川先生所言，“《大学》八目格物、致知、诚意、正心、修身、齐家、治国、平天下是一个从小到大，从客观到主观，从个体到人类渐进修为的过程，而格物致知的重要之处在于它们是‘大学之道’的起点”。[①]

王阳明和朱熹最大的分歧就是对“格物致知”的看法不同，这也是阳明心学与朱熹理学的分水岭。朱熹在《大学章句》中专门作了“格物补传”，并承袭程颐的观点将“亲民”改为“新民”，把《大学》开头部分阐述“三纲领”和“八条目”的文字作为“经”，把后面解释经文的相关文字作为“传”，并且认为“传”的第五章旧本中缺失了，就采取“程子之意以补之”，补充的原文如下：

所谓致知在格物者，言欲致吾之知，在即物而穷其理也。盖人心之灵莫不有知，而天下之物莫不有理，惟于理有未穷，

① 王岳川：《文本细读呈现的〈大学〉精神价值》，《西南民族大学学报》（人文社科版），2007年11期，第72页。

故其知有不尽也。是以《大学》始教，必使学者即凡天下之物，莫不因其已知之理而益穷之，以求至乎其极。至于用力之久，而一旦豁然贯通焉，则众物之表里精粗无不到，而吾心之全体大用无不明矣。此谓物格，此谓知之至也。[①]

这段话看起来是补充《大学》之阙文，实际上却是朱熹按照他本人对“格物致知”的理解进行了阐述。朱熹的“格物”理论概括起来就是他后来提出的“即物穷理”。“即”的意思是接近、接触；“穷”是穷尽。“即物穷理”就是主张人要大量接触事物，穷尽事物背后的道理。朱熹的“即物穷理”提法有特定的语境，主要是针对上层统治阶层而言（朱熹曾为宋宁宗及执政权贵讲授《大学》），本身没有什么问题，但随着后人的教条主义和断章取义，就难免出现一些偏差。从逻辑上看，朱熹强调要深入分析事物背后的理，他的理论虽然够不上现代科学的标准，但是也暗含了“物上求理”的主张。

王阳明在贵州龙场“大悟格物之旨”，意识到格物不应该是“物上求理”，而应该要“心上”用功，他按照自己的理解去读《大学》，发现古本义理通畅，根本不需要修改。由此，引发了王阳明对朱熹观点的质疑，二人的思想分歧也因此产生。

简而言之，阳明心学正是在对朱熹理学的质疑中成长起来的。

---

① 朱熹:《四书章句集注》，中华书局，1983年版，第6–7页。

2.《大学问》的主要内容

《大学问》是研究阳明心学无法绕开的一篇文献，也是王阳明思想的集中体现。据钱德洪记载，这篇文章是王阳明晚年将要出征思恩、田州时所授，但其实在王阳明的学生中流传已久，是王门弟子入门必读之作。他评价说：

《大学问》者，师门之教典也。学者初及门，必先以此意授，使人闻言之下即得此心之知，无出于民彝物则之中，致知之功，不外乎修齐治平之内。①

这篇文章以师生问答的形式集中展现了王阳明对古本《大学》的理解，以及他对朱熹《大学》思想的批判，是阳明心学与程朱理学分歧的重要体现之一，在阳明心学体系中地位独特。在文章中，王阳明对《大学》“三纲领”之间的关系、“亲民”与“新民”、“格物”的实质等六个问题进行了阐述，提出了“修身即正心”的格物理论，全文主要观点如下：

第一，《大学》就是“大人”之学。所谓“大人”，就是能以天地万物为一体、视天下为一家的人。“大人”的“大”在于有宽广仁爱的胸怀，在于有“一体之仁”，反之则是“小人”。因此，“大人”之学的宗旨就是去掉心中的私欲阻隔，使“一体之仁”(明德)得到彰显。

第二，“明明德”和“亲民”是“体”与“用”的关系。“明明德”就是要使原本高尚的道德显现，是“亲民”的本体；“亲

① 王守仁:《大学问》,《王阳明全集》卷二十六，第803页。

民”就是视人民为亲人，是“明明德”的运用。因此，从逻辑上讲，“明明德”就应该“亲民”，“亲民”就是“明明德”。

第三，“至善”是“明明德”和“亲民”的根本宗旨。“至”是极、最的意思，“至善”就是极善、最善，也就是所谓的天理。如同所有的方圆都要符合规和矩，“明明德”“亲民”也必须要遵循“至善”的准则，否则就违背了根本宗旨。

第四，唯有良知才能把握“至善”。对每个人而言，真正的“至善”存在于内心，而不在外物上。因此，“格物”就是要在心上用功，而不是“物上求理”。一个人内心安定，没有私欲遮蔽，就可以把握到“至善”，这是“格物”的真谛（否定了朱熹的“物上求理”）。

第五，《大学》古本“亲民”没有错。从语义上来看，“亲民”与“明明德”前后意义连贯，且“亲”字与“万物一体”“仁”的意义相通，而“新民”则不然，因此“新民”的说法不妥（这实际上就否定了朱熹对《大学》的改动）。

第六，修身必须从正心开始。就身心而言，身是躯壳，心是主宰，心与身之间是主宰与运用的关系。修身的实质是为善去恶，心如果正了，行为自然就正了，所以修身必须先正心。因此，“格物致知”的方向应该是“向内”，即心上求理，这是心学的核心逻辑。

以上是对《大学问》六个问题的简要概括。很明显，王阳明对《大学》的解读与朱熹有所差异。今天看来，这些差异也许只是学术观点上的分歧，似乎没有什么大不了，但在当时就显得惊世骇俗，因为他否定的是官方钦定的圣学思想。

王阳明心里非常清楚，自己是在思想界投下了一颗重磅炸弹。

3. 如何理解“一体之仁”

《大学问》对理解阳明心学意义重大，其中有个概念尤其需要特别注意，这个概念就是“一体之仁”。

所谓“一体”就是相互连通，没有间隔；所谓“仁”就是“关爱”。“一体之仁”简而言之就是没有间隔的关爱。“一体之仁”在王阳明的思想中占据着重要的地位，但并非王阳明的原创。

“天人合一”是儒家思想的重要特征之一。《周易·乾·文言》曰：“夫‘大人’者，与天地合其德，与日月合其明，与四时合其序，与鬼神合其吉凶。先天而天弗违，后天而奉天时。”[①] 这是历史上最早提出的天人合德论。这种思想到了宋儒那里有了新的发展。张载在《正蒙·动物》中指出：“物无孤立之理，非同异、屈伸、终始以发明之，则虽物非物也。”[②] 认为天下万物没有孤独存在之理，天地万物是紧密相连不可分割的，并进一步指出：“大其心则能体天下之物，物有未体，

① 黄寿祺，张善文：《周易译注》，上海古籍出版社，2001 年版，第 21 页。
② 张载：《张载集》，中华书局，1978 年版，第 19 页。

则心为有外。世人之心，止于闻见之狭。圣人尽性，不以见闻梏其心，其视天下无一物非我，孟子谓尽心则知性知天以此。”[①] 到了程颢这里，他以“仁”来解释万物合一理论，提出了“仁者以天地万物为一体”的观点，他说：“学者须先识仁。仁者，浑然与物同体。”[②] 而且他认为：“若夫至仁，则天地为一身，而天地之间，品物万形为四肢百体。夫人岂有视四肢百体而不爱者哉？圣人，仁之至也，独能体是心而已，曷尝支离多端而求之自外乎？故‘能近取譬’者，仲尼所以示子贡以为仁之方也。”[③]

很明显，王阳明继承了程颢的观点，认为人只要能恢复这种“一体之仁”，就能达到超凡入圣的境界，他曾说：

譬之一人之身，目视、耳听、手持、足行，以济一身之用。目不耻其无聪，而耳之所涉，目必营焉；足不耻其无执，而手之所探，足必前焉；盖其元气充周，血脉条畅，是以痒疴呼吸，感触神应，有不言而喻之妙。此圣人之学所以至易至简，易知易从，学易能而才易成者，正以大端惟在复心体之同然，而知识技能非所与论也。[④]

简单来说，“一体之仁”是人性中善的呈现。这种善在孟子看来是人类天性中的同情心，所以他说，“恻隐之心，仁之

① 张载：《张载集》，中华书局1978年版，第24页。
②③ 程颢，程颐：《二程集》，中华书局1981年版，第16、74页。
④ 王守仁：《答顾东桥书》，《王阳明全集》卷二，第48页。

端也"[①]，但是对于这个"恻隐之心"是如何产生的，孟子没有说清楚，他只是把此预设为人的前提条件，以一种无需讨论的方式替代了学理论述，从而使"仁"的本源模糊不清。不过，李宗吾先生对此进行过有趣的探讨，他在《心理与力学》中认为，"孟子全部学说，乃是确定我字为中心点，扩而充之，层层放大，亲亲而仁民，仁民而爱物"[②]，这如同一个同心圆，"我"是最里边的圆心。人能对他物产生恻隐之心，是因为人有怵惕之心。所谓怵惕就是惊惧之意，也就是说人对生命死亡或受到伤害都有畏惧之心，所以"见孺子将入井，突有一'死'的现象呈于吾前，所以会怵惕，登时对于孺子表同情，生出恻隐心，想去救护他"[③]，由此他得出结论："恻隐是怵惕之放大形"[④]。由此可见，"一体之仁"不是主观臆想出来的，而是以真实的感受为基础。只要生命还在，怵惕之心就不会泯灭，怵惕之心没有泯灭，恻隐之心产生的基础就还在，所以王阳明认为，"是其一体之仁也，虽小人之心亦必有之"[⑤]。那么，为什么现实生活中很多人无法感受甚至认同"一体之仁"的存在呢？答案就是"仁"出现了问题，或者说是"不仁"的结果。

---

① 朱熹:《四书章句集注》，中华书局，1983年版，第238页。

②③④ 李宗吾:《厚黑全集》，江西人民出版社，2007年版，第310、302、302页。

⑤ 王守仁:《大学问》,《王阳明全集》卷二十六，第799页。

说起来很有意思，“不仁”本来是个中医术语，指患者得了手脚麻痹症，这种病的症状就是手脚发麻，没有知觉，严重的被称为“麻木不仁”。宋朝的程颢曾论述过“不仁”的原因，他说：

医书言手足痿痹为不仁，此言最善名状。仁者，以天地万物为一体，莫非己也。认得为己，何所不至？若不有诸己，自不与己相干。如手足不仁，气已不贯，皆不属己。故“博施济众”，乃圣人之功用。[1]

手脚为什么会麻木？程颢一语道破：气已不贯，皆不属己。

按照中医的说法，气血不通导致疾病。“不仁”说明手脚与身体之间的连通出现了问题，原本的“一体”性遭到了破坏，所以对手脚的感觉就会慢慢减弱。随着病情的加深，病人可能会完全感觉不到手脚的存在，甚至出现异于常人的现象。例如，医生给中风严重的病人扎针或治疗时，病人往往毫无感觉。由此看来，“一体之仁”是发自内心的关爱，这种关爱产生的前提是“一体”觉知的存在，或者说是一种“感同身受”的存在。“一体”的话就能产生“仁”，觉得与自己不相干、不是“一体”的，就不能产生“仁”。

事实上，“一体之仁”不仅仅存在于个体身上。例如，当父母看到孩子遇到危险，常常能舍弃自己的生命来保护孩子，尤其是在一些突发情况下，如汶川大地震中就有很多这样的

① 程颢，程颐：《二程集》，中华书局，1981年版，第15页。

案例。同样道理，孩子看到父母遇到危险或受辱，也会奋不顾身去保护父母。这些现象值得我们深思：每个人都珍惜自己的生命，为什么一个人此时能牺牲自己去救助别人？相信大多数人都能回答出来：因为是亲人。我们可以继续追问：亲人的实质是什么？答案是：彼此之间有血缘关系，曾经血脉相连。是的，血脉相连在某种意义上不正是最典型的“一体”证明吗？

现实世界中，亲人之间的这种“一体之仁”也可以扩充到非亲人身上，如亲密的恋人、朋友、战友等。事实上，一个人对他人如果有爱，能“感同身受”，就可以产生“一体之仁”，这种现象并不受血缘或友情关系的制约，社会上很多见义勇为的事迹就是证明。如阿里巴巴的员工吴菊萍，曾奋不顾身接住一个从十楼掉下的儿童，被媒体亲切称为“最美妈妈”。当有记者问吴菊萍救人时的想法的时候，她说其实根本来不及想，自己作为一个母亲，看到一个孩子有生命危险，那种想保护孩子的冲动瞬间就产生了。吴菊萍这种舍身为人的义举发自内心，已经完全超越了血缘关系，其本质不正是她的仁爱之心吗？类似的案例还有很多，如徒手爬上三楼防盗窗将悬空女童托举达十余分钟的“托举哥”周冲，为救落水少年而牺牲的长江大学的学生方招等，他们的行为都说明“一体之仁”完全不受彼此之间关系的限制。以此类推，一些关爱动物人士的义举也证明了“一体之仁”同样不受族群种类的限制。

与之相反，一个没有仁爱之心的人，可能会作奸犯科，伤害别人，甚至随意剥夺他人的生命。究其原因，是他们的内心深处没有“感同身受”的“一体”觉知。这类人认为他人或物与自己不相干，所以为所欲为，肆无忌惮。这种自私自利的人，正是《大学问》中说的“小人”。

说白了，“一体之仁”就是“一体”的关爱，产生的前提是“一体”的觉知，只有觉知才能产生感同身受，才能产生关爱，这是人性中“善”的根源和萌芽。

善良源于对生命的醒悟和觉知，只有善良的人才能把自己的仁爱之心扩充到万事万物。圣人能“以天地万物为一体”，所以才会“博施济众”。

4. 修身先正心

修身的本质就是要恢复“一体之仁”，恢复人性中善良的一面，这是阳明心学的根本逻辑。具体该如何做呢？王阳明认为应从“正心”开始。他在《大学问》中论述了其中的缘由：

何谓身？心之形体运用之谓也。何谓心？身之灵明主宰之谓也。何谓修身？为善而去恶之谓也。吾身自能为善而去恶乎？必其灵明主宰者欲为善而去恶，然后其形体运用者始能为善而去恶也。故欲修其身者，必在于先正其心也。[①]

这段话与现代心理学颇有相通之处。王阳明把人分为物

① 王守仁:《大学问》,《王阳明全集》卷二十六，第801页。

质（身）和精神（心）两个层面，物质层面就是肉眼能看到的躯体，精神层面则是内在的意识（中国传统文化中“心”的功能），躯体和意识相互依存，意识对躯体起主宰作用，躯体实现的是意识的指令，用现在的话来说就是：意识指导人的行为。

王阳明从身与心的相互关系讲明了一个道理：修身在正心。打个比方，一个机器人在表演，我们看到的是机器人的躯体在做各种动作，但实质上这些动作指令都来自内在的“人工大脑”，如果要改变机器人的行为，正确的方法不是从躯体上入手，而是从背后的“人工大脑”下手。同样道理，一个人的行为都是在心的指挥下完成的，要想做到“非礼勿视，非礼勿听，非礼勿言，非礼勿动”，只有从源头——心上下功夫。

心是一切行为的原动力，改变自己要从“心”开始，心端正了，行为自然就端正了，这是王阳明在龙场的最大发现。圣人正是从心上用功，所以能成为圣人，常人没有领会到身心的关系，执着于“心”外用功，所以才会“竹篮打水一场空”。

第二章　从“格竹”到龙场悟道
——“心即理”命题的提出及其内涵

《大学问》作为阳明心学的入门篇，旗帜鲜明地指出修身的根本在于正心，这实际暗含了阳明心学的一个重要命题“心即理”。

说到“心即理”，人们经常会联想到“心外无理，心外无事”这句著名的哲学论断。其实这句话只是对“心即理”这一哲学命题的部分阐释，如果没有深入理解“心即理”的含义，“心外无理，心外无事”很容易让人形成阳明心学属于虚无主义的印象。事实上，“心即理”作为阳明心学的逻辑基础，有着丰富的内涵，吴震先生认为：“从某种意义上说，‘心即理’乃是阳明哲学的第一命题，是其心学思想得以确立的标志，无论是稍早的‘知行合一’说还是略晚的‘致良知’说，都应置于‘心即理’的基础上才能得到全面的理解。”[1] 那么，什么是“心即理”？其真正内涵又是什么？要解答这一问题，我们要从“阳明格竹”的故事谈起。

---

① 吴震:《〈传习录〉精读》，复旦大学出版社，2011年版，第62页。

1. 阳明格竹

前文提到，王阳明和朱熹最大的分歧就是对《大学》“格物致知”的理解不同，这也是阳明心学与程朱理学的分水岭。王阳明为什么会提出与朱熹不同的观点？原因是他曾亲身对朱熹的理论做过检验，这就是著名的“阳明格竹”。

“格竹”事件大约发生在王阳明十五岁的时候[①]。他当时随父亲王华住在京城，大概刚接触朱熹的理论不久，《年谱》里说他“遍求考亭遗书读之”。

十五六岁是年轻人充满幻想和热情的阶段，可以想象圣人对他的诱惑是多么大。王阳明本来就是一个做事投入的人，这次自然也不例外。一天，王阳明和姓钱的同学在一起，想到朱熹书中所说的“众物必有表里精粗，一草一木，皆涵至理”，两个人看到院子里有竹子，就突发奇想：我们何不拿竹子实践一下朱熹的格物理论。关于这富有戏剧性的一幕，多年以后王阳明曾经给学生讲过：

众人只说格物要依晦翁，何曾把他的说去用？我着实曾用来。初年与钱友同论做圣贤要格天下之物，如今安得这等大的力量？因指亭前竹子，令去格看。钱子早夜去穷格竹子的道理，竭其心思，至于三日，便致劳神成疾。当初说他这是精力不足，某因自去穷格。早夜不得其理，到七日，亦以劳思致疾。遂相与叹圣贤是做不得的，无他大力量去格物了。及在

① “阳明格竹”时间见本书第一章相关注释。

夷中三年，颇见得此意思，乃知天下之物本无可格者。其格物之功，只在身心上做，决然以圣人为人人可到，便自有担当了。这里意思，却要说与诸公知道。[1]

此段文字十分传神，想象王阳明当时讲话的语气和神情，猜想他在现实生活中应该是一个很风趣的老师。“格竹”这件事情可以说是他少年时期干的一件“糗事”，是他在对朱熹思想极度信奉却又一知半解的情况下的盲目尝试。可以想象，一个人对着竹子苦思冥想，连续静坐七天，是一件多么不可思议的事。

当然，王阳明“格竹”没有格出“理”，还以病倒告终。不是说朱熹的格物方法“恐怖”到这种程度，问题主要还是出在王阳明自己身上：他没有真正理解朱熹的格物理论。

朱熹的观点可以概括为“即物穷理”，“即”是接触，“穷”是穷尽、探究，“理”则是指事物发展运动变化的规则、规律，也称为“理则”“物理”“物则”等。以种菜为例，蔬菜种子在什么条件下发芽，什么时候需要浇水，浇多少水，什么时候开花结果，什么时候可以采摘，都有一定的规律，这个规律就是种植蔬菜的“理”。朱熹主张人应该大量接触事物并探究、穷尽事物背后的规则、规律。朱熹曾言：“格物者，格，尽也，须是穷尽事物之理。若是穷得三两分，便未是格物。须是穷尽得到十分，方是格物。”[2] 他又说：“目前事事物物，皆有至

① 王守仁：《传习录下》，《王阳明全集》卷三，第 105 页。

② 黎靖德编：《朱子语类》卷十五，崇文书局，2018 年版，第 212 页。

理。如一草一木，一禽一兽，皆有理。”[1]“世间之物，无不有理，皆须格过。”[2]因此，一个人要想成为圣人的话，就要大量格物。

朱熹的“格物”理论自有他的道理，但是他的理论也容易让人产生以下推论：第一，理存在于物上；第二，格物就是到物上求理。这种推论很容易导致后学者盲目到外物上求理，王阳明“格竹”就是他对朱子学说的懵懂实践。

王阳明“格竹”失败是必然的，但当时的他尚不能意识到原因所在，他认为是自己的天分不够，一度心灰意冷，甚至想放弃“成圣”的追求。不过今天来看，“格竹”虽然没有获得成果，但仍有很大的价值，至少体现在两个方面：

第一，王阳明发现朱熹的格物理论行不通。尽管王阳明当时还没有敢对朱熹的格物理论产生怀疑，但“格竹”失败至少在他内心里埋下了一粒怀疑的种子。

第二，这次失败也是他迈向圣人征途的第一步。实践是检验真理的唯一标准，如果不去实践，而只是单纯信奉，真理就不可能被发现。“格竹”可以说是王阳明探索圣学的一次有益实践。

当然，王阳明不是那么容易服输的一个人，一次失败还不足以击倒他，年轻的他很快找到了新的兴趣点，投身举业、辞章之学，暂时忘记了这段伤痛。同时，他也并没有放弃对

---

① 黎靖德编：《朱子语类》卷十五，崇文书局，2018 年版，第 221 页

② 黎靖德编：《朱子语类》卷十五，崇文书局，2018 年版，第 214 页。

程朱理学的钻研，二十七岁那年，再读朱熹的著作，又引发了他对朱熹格物理论的思考。《年谱》记载如下：

> 一日读晦翁上宋光宗疏，有曰："居敬持志，为读书之本，循序致精，为读书之法。"乃悔前日探讨虽博，而未尝循序以致精，宜无所得；又循其序，思得渐渍洽浃，然物理吾心终若判而为二也。沉郁既久，旧疾复作，益委圣贤有分。[①]

时隔十年，王阳明对朱熹的思想已经有了更深入和系统的理解，虽然他已经意识到"格竹"事件的滑稽可笑，但对朱熹的"格物"理论始终没有理解透彻，他发现"物理吾心终若判而为二"。换种说法，就是"物理"与自己的内心是"两张皮"，不能融为一体。王阳明由于过度沉思，导致老毛病再次发作，病中的他只能再次感叹自己天生不是做圣贤的料。

从十五六岁到二十七岁，王阳明始终无法越过朱熹"格物"理论的大山，那种苦闷和困惑可想而知。不过今天看来，王阳明应该为这种苦闷和困惑感到庆幸，因为两次失败为他的龙场悟道埋下了伏笔。

2. "心即理"的诞生

三十七岁，王阳明被贬到龙场，在他人生跌入了谷底的时候，却意外催发了他的悟道。王阳明在龙场究竟悟到了什么呢？我们不妨再来看看《年谱》的相关记载。

① 钱德洪：《年谱一》，《王阳明全集》卷三十三，第1003页。

(正德)三年戊辰，先生三十七岁，在贵阳。春，至龙场。先生始悟格物致知。……因念："圣人处此，更有何道?"忽中夜大悟格物致知之旨，寤寐中若有人语之者，不觉呼跃，从者皆惊。始知圣人之道，吾性自足，向之求理于事物者误也。乃以默记《五经》之言证之，莫不吻合，因著《五经臆说》。[①]

由上述记载可知，王阳明龙场悟道最大的收获就是"大悟格物致知之旨"。这个"旨"究竟是什么？钱德洪在这里没有细说，但在上章介绍的《大学问》中，王阳明对此作了详细的解释，再复述如下：

何谓身？心之形体运用之谓也。何谓心？身之灵明主宰之谓也。何谓修身？为善而去恶之谓也。吾身自能为善而去恶乎？必其灵明主宰者欲为善而去恶，然后其形体运用者始能为善而去恶也。故欲修其身者，必在于先正其心也……物者，事也，凡意之所发必有其事，意所在之事谓之物。格者，正也，正其不正以归于正之谓也。正其不正者，去恶之谓也。归于正者，为善之谓也。夫是之谓格。[②]

这段话明确指出：格物就是正心，就是从源头上为善去恶。这正是王阳明在贵州龙场悟到的"格物致知之旨"，很明显，这与朱熹的"物上求理"不同，而转向了"心上求理"的路径。

王阳明为什么会转向"心上求理"？要理解这个问题，必

① 钱德洪:《年谱一》,《王阳明全集》卷三十三，第1006-1007页。
② 王守仁:《大学问》,《王阳明全集》卷二十六，第801页。

须结合王阳明的现实生活状况。王阳明因上疏得罪宦官刘瑾，先后经历了下诏狱反省、廷杖羞辱、被贬龙场等一系列打击报复，在短短一年多的时间里，他经历了梦魇般的人生：官没有了，生命也多次受到威胁，人生前途渺茫，有退隐山林想法，又怕牵连家人，在进退无路、左右为难的窘境中，来到偏远蛮荒的贵州龙场。

人在困境中首先要想办法解决生存问题，哲学家也不例外。龙场的生存环境十分恶劣，王阳明也许不在乎吃和住的质量，但解决温饱还是必需的。在解决物质问题的同时，困境中的人更需要解决精神上的问题。好在他向来乐观，又有练习道家导引术的静坐功底，身处荒僻之地，无人打扰，很适合用功静坐。经过一段时间的练习，他竟能做到“胸中洒洒”，一切荣辱得失都逐渐放下。心静下来后，他反复思考一个问题：“圣人处此，更当何为？”

王阳明想到了哪些圣人，我们不得而知。但儒家经常提到的圣人无非就是这几位：尧、舜、禹、周文王、周武王、孔子、孟子等。细细考证，这些圣人的人生似乎也不那么顺遂，如舜曾被父亲和弟弟多次陷害，周文王被商纣王无故羁押，孔子也经历过陈蔡之厄。圣人遭遇的困境各不相同，但他们面对困境的态度却非常相似：舜多次被迫害，却毫无怨言，反而恪守孝悌；周文王在监狱里没有愁眉苦脸，反而直接玩起了《易经》；孔子被困陈国和蔡国之间，随行的弟子发愁甚至抱怨，他却像往常一样讲学、弹琴。圣人面对困境处之泰然，原因何在？王阳明经过苦苦思索，终于想明白了这个问题：一个人是否称得上圣人，与所处的境况无关，只与他们的内在修养有关。圣人内心因为能时刻遵循大道，不为外界所动，所以无论顺境、逆境都能坦然面对，他们素位而行，坚持做符合道义的事情，不为个人荣辱得失乃至生死所动。这说明圣人的关键在于心，不在物。

王阳明至此恍然大悟，意识到格物不应该是去物上求理，而应该是在心上用功，格物的本质就是正心，心中如果没有私欲遮蔽，理自然就会显现出来，什么该做什么不该做，就是理所当然的事情。这是王阳明在龙场的惊人发现，因为这个发现，困扰他多年的"格物"问题瞬间瓦解，他的内心从来没有如此轻松畅快过，以至于惊呼道："圣人之道，吾性自足，向知求理于事物者误也。"[①] 后来他在给学生讲学时也说到："及在夷中三年，颇见得此意思，乃知天下之物本无可格者。其格物之功，只在身心上做，决然以圣人为人人可到，便自有担当了。"[②]

正如吴光先生指出："在王阳明看来，他过去按照朱熹'格物'说去'格竹子的道理'是'求理于外'，是不正确的方法。正确的格物方法应该是'只在身心上做'，即求理于心。他虽然没有直说'心即理'，但实际上他所谓'向之求理于事物者

① 钱德洪：《年谱一》，《王阳明全集》卷三十三，第1007页。
② 王守仁：《传习录下》，《王阳明全集》卷三，第105页。

误也’一语，已包含了‘理在于心’‘心外无理’的思想了。”[①]

“心即理”指明一切天理和至善都只在人的心中，它的提出，其实也否定了朱熹“物上求理”的观点。王阳明后来批评朱熹的格物方法说：“人惟不知至善之在吾心，而求之于其外，以为事事物物皆有定理也，而求至善于事事物物之中，是以支离决裂，错杂纷纭，而莫知有一定之向。”[②]

龙场悟道使王阳明意识到：圣人之学就是心学，心学也就是圣人之学。这一发现让王阳明极度兴奋，他在给好友黄绾的信中写道：

君子之学以明其心。其心本无昧也，而欲为之蔽，习为之害。故去蔽与害而明复，匪自外得也。心犹水也，污入之而流浊；犹鉴也，垢积之而光昧。[③]

之后他也在多个场合强调过这一观点，如：“圣人之学，心学也。尧、舜、禹之相授受，曰：‘人心惟危，道心惟微，惟精惟一，允执厥中。’此心学之源也。”[④]

3.“心即理”的内涵

“心即理”是王阳明在特定历史背景下提出的哲学命题，

---

① 吴光：《王阳明在龙场悟出了什么》，《博览群书》，2018年第11期，第40页。
② 王守仁：《大学问》，《王阳明全集》卷二十六，第800页。
③ 王守仁：《别黄宗贤归天台序》，《王阳明全集》卷七，第197页。
④ 王守仁：《象山文集序》，《王阳明全集》卷七，第206页。

作为阳明心学的基础性命题，“心即理”有着丰富的内涵，需要从宏观和微观两个层面上进行解读。

从宏观层面来看，“心即理”的理解必须结合当时的社会背景。

首先，“心即理”具有极强的针对性。王阳明年轻时也曾笃信朱熹的格物理论，但屡屡碰壁，经过九死一生机缘巧合才领悟到格物的要旨，他对自己的发现兴奋不已，但同时也深知朱子格物思想的影响之深，想要改变这种现状绝非易事。这如同一艘大船，方向已经出错，但众人浑然不知，仍在用力划桨，此时唯有奋力呼号，才能引起人们警觉。王阳明提出的“心即理”与朱子的“即物穷理”大相径庭，遭到很多非议，如时任吏部侍郎的罗钦顺就写信给王阳明表达了质疑。但无论如何，“心即理”的提法在当时是有极强的针对性，引起了极大的关注和反响，客观上也加快了心学的传播速度。

其次，“心即理”具有警示性。《传习录》记载，有弟子拿程颢“在物为理”质疑“心即理”的提法，王阳明认为应该把“在物为理”改为“此心在物即为理”才对，并阐述了“心即理”的立言宗旨，他说：“我如今说个心即理是如何，只为世人分心与理为二，故便有许多病痛……分心与理为二，其流至于伯道之伪而不自知。故我说个心即理，要使知心理是一个，便来心上做工夫，不去袭义于外，便是王道之真。此我立言宗旨。”[①] 王阳明认为，分心与理为二，会有把私心误做

① 王守仁:《传习录下》,《王阳明全集》卷三，第106页。

天理的病痛，“心即理”的提法可以警示人们心与理本为一体，不可分割，防止学者出现知行不一的弊端。

最后，“心即理”反对悬空想象。王阳明指出：“故致知者，意诚之本也。然亦不是悬空的致知，致知在实事上格。如意在于为善，便就这件事上去为；意在于去恶，便就这件事上去不为。”[①] 由此可见，“心即理”并非让人凭空去想象出一个理的存在，而是强调心遇到事后才能呈现出具体的理，表明心与理的融合必须在具体实践中才能实现。

以上是从宏观角度对“心即理”的解读，具体到实践层面上，“心即理”的实现并非一蹴而就，而必须遵循一定的原则。如何才能实现“心即理”的贯通？就需要从微观层面分析一下“心即理”的具体内涵。具体而言，“心即理”包括正心、用心、恒心三个层面。

第一，正心。所谓正心，就是从源头上保持意念的至善，这是王阳明主张的“格物”主旨，也是“心即理”的第一要义。王阳明指出：

心者身之主宰，目虽视而所以视者心也，耳虽听而所以听者心也，口与四肢虽言动而所以言动者心也。故欲修身在于体当自家心体，常令廓然大公，无有些子不正处。主宰一正，则发窍于目，自无非礼之视；发窍于耳，自无非礼之听；发窍于口与四肢，自无非礼之言动：此便是修身在正其心。[②]

① 王守仁：《传习录下》，《王阳明全集》卷三，第105页。
② 王守仁：《传习录下》，《王阳明全集》卷三，第104页。

正心的实质就是要去除私欲的干扰，恢复心的本体。“此心无私欲之蔽，即是天理，不须外面添一分。以此纯乎天理之心，发之事父便是孝，发之事君便是忠，发之交友治民便是信与仁。”[①] 这正是王阳明提出“心外无事，心外无理”的依据。

第二，用心。所谓用心，就是要集中精力在一件事上，就是要专注，这是“心即理”的第二层含义。专注会影响一个人的洞察力，影响主体对客体的认知水平。王阳明多次强调专注对为学的作用，他在《书玄默卷》中指出：“玄默志于道矣，而犹有诗文之好，何耶？弈，小技也，不专心致志则不得，况君子之求道，而可分情于他好乎？”[②] 告诫玄默要专一，不能因诗文爱好而分心。他对学生周积的教导，也说明用心的重要性：

江山周以善究心格物致知之学有年矣，苦其难而不能有所进也……阳明子曰：“子未闻昔人之论弈乎？‘弈之为数，小数也，不专心致志，则亦不可以得也。’今子入而闻吾之说，出而有鸿鹄之思焉，亦何怪乎勤而弗获矣？”于是退而斋洁，而以弟子之礼请。阳明子与之坐。盖默然良久，乃告之以立诚之说，耸然若仆而兴也……明日，又言之加密焉，证之以《中庸》。乃跃然喜，避席而言曰：“积今而后无疑于夫子之

① 王守仁:《传习录上》,《王阳明全集》卷一，第2页。
② 王守仁:《书玄默卷》,《王阳明全集》卷八，第231页。

言……”[1]

这段文字生动记叙了周积学习“格物致知”的过程：周积刚开始不专注，所以学无所获，后来痛下决心，虔诚拜师，连续几天集中精力学习领悟，终于对困扰他多年的“格物致知”问题豁然开朗。王阳明写这篇序的主旨就是为了阐述用心对为学的重要性。

第三，恒心。恒心就是要持之以恒，要有坚强的意志，无论顺境还是逆境，都能不断精进，这是“心即理”的第三层含义。王阳明曾言：

诸君只要常常怀个“遁世无闷，不见是而无闷”之心，依此良知，忍耐做去，不管人非笑，不管人毁谤，不管人荣辱，任他功夫有进有退，我只是这致良知的主宰不息，久久自然有得力处，一切外事亦自能不动。[2]

心与理的融合不可能一蹴即成，而需要持续的努力精进，需要有恒心，唯有坚定的志向才是恒心的根本保证。因此，王阳明格外重视“立志”。他在《示弟立志说》中指出，“夫学，莫先于立志”，“是以君子之学，无时无处而不以立志为事”[3]。

“心即理”的内涵分为正心、用心、恒心三个层面，体现出阳明心学以“心”为主的学修路线。在实际应用中，正心、用心、恒心三者之间也并非各自独立，而是彼此联系、一体

① 王守仁:《赠周以善归省序》,《王阳明全集》卷七，第 199—200 页。
② 王守仁:《传习录下》,《王阳明全集》卷三，第 88 页。
③ 王守仁:《示弟立志说》,《王阳明全集》卷七，第 219 页。

三面的关系，并且以“立志”这一富有心学特色的命题贯穿。王阳明曾把为学比作农夫种田，“君子之于学也，犹农夫之于田也，既善其嘉种矣，又深耕易耨，去其蝥莠，时其灌溉，早作而夜思，皇皇惟嘉种之是忧也，而后可望于有秋。夫志犹种也，学问思辨而笃行之，是耕耨灌溉以求于有秋也。志之弗端，是荑稗也。志端矣，而功之弗继，是五谷之弗熟，弗如荑稗也”[①]。正心就是“嘉种”，用心、恒心则是“深耕易耨，去其蝥莠，时其灌溉，早作而夜思”。如同一粒种子从发芽到参天大树，其外在形态虽然发生了变化，但不变的是其生生不息的内在生命力。也只有正心、用心和恒心相互作用、一气呵成，才能真正达到“心即理”的最终融通境界。

4. 圣人精金论

“心即理”作为阳明心学的基础性命题，提出了与朱熹不同的格物方向，强调圣学功夫的关键在“心”，这一命题对儒家圣人标准也作出了新的界定。

圣人这一概念在儒家中具有特殊的意义，是其信仰的终极体现，因此儒家学说也可以笼统概括为圣人学说。不过，纵观儒家历史，孔孟之后圣人就很少现世，造成这一现象的原因是什么呢？

王阳明认为原因是后世之人对圣人的标准产生了误解，

① 王守仁：《赠周善甫归省序》，《王阳明全集》卷七，第200页。

他在《答顾东桥书》中探讨了这一问题。

谓圣人为生知者，专指义理而言，而不以礼乐名物之类，则是礼乐名物之类无关于作圣之功矣。圣人之所以谓之生知者，专指义理而不以礼乐名物之类，则是学而知之者，亦惟当学知此义理而已，困而知之者亦惟当困知此义理而已。[①]

王阳明在这里其实提出了一个问题：圣人的核心标准到底是什么？

长期以来，圣人都有被神化的倾向，经过儒家知识分子一代又一代的论述，圣人逐渐成为完美人格和智慧的化身。以朱熹为例，他说："圣贤无所不通，无所不能，那个事理会不得？"[②] 根据朱熹的观点，圣人无所不知，无所不能，应集仁德、才智和事功于一身，具有"全能型"或"超人型"的人格。所以想成为圣人，首先要"即物穷理"，要不断地学习，通过不断积累，才可能成为圣人。从某种意义上说，朱熹的成圣逻辑类似于"归纳法"：由少到多，从个别到一般，通过不断积累，最终融会贯通，就可以成为圣人。

从理论上来看，朱熹的观点似乎很有道理，但具体到现实生活中，就会发现一个问题：世间事物纷繁复杂，而且处在不断的变化中，一个人就算终其一生不断学习，恐怕也不能掌握万分之一。把有限的精力投入到无限的"格物"中去，

① 王守仁：《传习录中》，《王阳明全集》卷二，第 47 页。

② 黎靖德编：《朱子语类》卷一百一十七，崇文书局，2018 年版，第 2147 页。

精疲力尽、无功而返是注定的结果。

王阳明在贵州龙场“大悟格物致知之旨”，意识到天理不在外物，圣人的关键是要掌握“义理”(也就是“天理”)。一个人如果内心能够与天理合一(也就是“心即理”)，就可以称作圣人。因此，圣人的关键是在“心”，如同精金在纯度而不在数量，圣人也是以内心而非知识才能来衡量。一个人如果能够做到内心“纯乎天理”，没有私欲，就称得上圣人，这一观点就是王阳明的“圣人精金论”。

“圣人精金论”的详细表述在《传习录》中有两处。一处是王阳明与弟子蔡希渊[①]之间的对话：

希渊问：“圣人可学而至，然伯夷、伊尹于孔子才力终不同，其同谓之圣者安在?”

先生曰：“圣人之所以为圣，只是其心纯乎天理，而无人欲之杂。犹精金之所以为精，但以其成色足而无铜铅之杂也。人到纯乎天理方是圣，金到足色方是精。然圣人之才力亦有大小不同，犹金之分两有轻重。尧、舜犹万镒，文王、孔子犹九千镒，禹、汤、武王犹七八千镒，伯夷、伊尹犹四五千镒。才力不同而纯乎天理则同，皆可谓之圣人。犹分两虽不同，而足色则同，皆可谓之精金……后世不知作圣之本是纯乎天理，却专去知识才能上求圣人。以为圣人无所不知，无所不能，我须是将圣人许多知识才能逐一理会始得。故不务去天理上着

---

① 蔡希渊：蔡宗兖，字希渊，号我斋，浙江绍兴府山阴县人，王阳明早期弟子。

工夫，徒弊精竭力，从册子上钻研，名物上考索，形迹上比拟，知识愈广而人欲愈滋，才力愈多而天理愈蔽。正如见人有万镒精金，不务煅炼成色，求无愧于彼之精纯，而乃妄希分两，务同彼之万镒，锡、铅、铜、铁杂然而投，分两愈增而成色愈下，既其梢末，无复有金矣。”①

王阳明的这段话可以概况为以下三层意思：

第一，圣人的评判标准是德性修养而非才力大小。王阳明用“精金”比喻圣人，用“成色”比喻品格、修为，用“分两”比喻才能、成就，认为圣人的评判标准是品格和修为，而非才能与成就。简单来说，一个人是否能称得上圣人，主要是看“成色”而非“斤两”，德性修养才是评判圣人的唯一标准。

第二，人人都有成为圣人的可能。孟子最早提出“人皆可以为尧舜”的观点，但对为什么“人皆可以为尧舜”的原因并无深入的论证和解释。王阳明对此进行了论述，他认为“人皆可以为尧舜”，不是要取得和尧、舜相当的功业和地位，而是成就与尧、舜一样的德行与人格。一个人的功业和地位往往受时代机遇和个人才能的限制，并不是个体主观上能决定的，但德行和人格却更多取决于个体的主观选择。正是个体这种在精神和道德层面选择上的主观平等性，赋予了“人皆可以为尧舜”的可能性。

第三，个体差异性导致每个人需要付出的努力不同。“人

① 王守仁:《传习录上》,《王阳明全集》卷一，第24—25页。

皆可以为尧舜”只是说人人都有成圣的可能，但个体之间的差异性，决定了个体在成功路上要付出的努力不同。因此，“其下者必须人一己百、人十己千”，只有通过勤奋用功才能获得成功。

王阳明对圣人标准的新论述令人耳目一新，在当时产生了很大的影响，但他的说法也遭到一些人的质疑和诟病。因为在传统儒家知识分子心目中，孔子是万世之师，是完美人格的代表，可是在王阳明的眼里，孔子只有“九千镒”，比尧、舜足足少了“一千镒”，这让很多人觉得不能接受。

王阳明的弟子刘德章（姓刘，其余不详）就对此产生了疑问，他委婉地向王阳明提出了自己的困惑。《传习录》记载如下：

德章曰：“闻先生以精金喻圣，以分两喻圣人之分量，以锻炼喻学者之工夫，最为深切。惟谓尧、舜为万镒，孔子为九千镒，疑未安。”[①]

王阳明对此哭笑不得。

孔子、尧、舜等人在世时也许根本就不会在意谁比谁的成就大，谁比谁的地位高，后人却对此耿耿于怀，争论不休。真是教主不急，急死门人！

无奈之下，王阳明只好再次阐述了自己的观点：

此又是躯壳上起念，故替圣人争分两。若不从躯壳上起念，即尧、舜万镒不为多，孔子九千镒不为少；尧、舜万镒只

① 王守仁：《传习录上》，《王阳明全集》卷一，第27-28页。

是孔子的，孔子九千镒只是尧、舜的，原无彼我，所以谓之圣。只论精一，不论多寡。只要此心纯乎天理处同，便同谓之圣。若是力量气魄，如何尽同得！后儒只在分两上较量，所以流入功利。若除去了比较分两的心，各人尽着自己力量精神，只在此心纯天理上用功，即人人自有，个个圆成，便能大以成大，小以成小，不假外慕，无不具足。此便是实实落落明善诚身的事。后儒不明圣学，不知就自己心地良知良能上体认扩充，却去求知其所不知，求能其所不能，一味只是希高慕大；不知自己是桀、纣心地，动辄要做尧、舜事业，如何做得？终年碌碌，至于老死，竟不知成就了个甚么，可哀也已！①

一句话：圣人看德性修养而非事功！圣人的内心早已达到了无我境界，历史上的圣人只是各自尽自己的本分和力量，努力去传播大道、拯救世人，他们早已摆脱了名利的束缚，所以彼此之间并不排斥，也不会计较高低贵贱，就如同一个房间内的多个电灯泡，它们只会发光发热，彼此之间并不会一争高下。

当然，关于圣人是否应该有事功的问题，王阳明的观点是：圣人并不排斥事功，但不会专门以此为目的和追求。他说："圣贤非无功业气节，但其循著这天理，则便是道，不可以事功气节名矣。"②

"圣人精金论"对圣人的标准进行了新的界定，强调内在

① 王守仁:《传习录上》,《王阳明全集》卷一，第 27–28 页。
② 王守仁:《传习录下》,《王阳明全集》卷三，第 84 页。

德性修养作为圣人的主要评判标准，可谓拔本塞源、拨云见日，在当时具有开创意义。具体来说体现在以下几方面：

第一，使圣人标准简单化。一直以来，“内圣外王”都是传统儒家知识分子追求的理想人格，人们习惯上把“内圣”与“外王”作为判定圣人的两个基本条件。“仁且智”也被默认为圣人的人格特征，这种标准导致圣人成为可望而不可即的存在。王阳明的圣人精金论以德性修养作为圣人的根本标准，打破了“事功”对成圣的束缚，也打破了圣人“全能型”和“超人型”的理论陷阱，使成圣过程变得更加简单易行。

第二，使成圣对象平民化。在儒家的经典中，圣人与凡人处于对立的状态，圣人不仅全知全能，而且能治国平天下。圣人这种高高在上的形象无形中排除了大多数没有受过教育的底层人群。王阳明的圣人精金论剥离了对圣人才力和成就的要求，把德性修养作为唯一标准，为普通大众打开了一扇大门，有利于圣人的平民化和世俗化。

王阳明把内在德性作为圣人的评判标准，是他从“心”的角度对儒家圣人学说的定义，也是他对“心即理”命题的进一步演绎。“圣人精金论”对儒家思想的平民化具有重要意义。

第三章 “知行合一”与“事上磨炼”——儒家的入世之功

“知行合一”与“事上磨炼”是阳明心学中最具魅力的两个哲学命题，体现了阳明心学的实践性，也是儒家知识分子入世的基本功。

1.“知行合一”的逻辑

在常人眼里，“知行合一”顾名思义就是知道了还要做到。这似乎是一个简单的命题，可是王阳明当年提出“知行合一”时，很多人都觉得怪异，不要说贵阳的学生对此感到困惑，甚至连他最器重的弟子徐爱，初次听到这个提法也觉得难以理解。难道是因为古人不如当代人聪明？历史告诉我们，这个假设是不成立的。由此看来，王阳明的“知行合一”一定有它的独特逻辑和含义。

前文提到，王阳明提出“知行合一”出于两个原因：一个是针对当时社会上知行脱节、言行不一的现实问题；另一个是针对思想界知先行后、只知不行的理论问题。王阳明认为，通过提倡“知行合一”，使“知”与“行”融为一体，就可以有效对治、纠正这些问题。因此，他说：“知之真切笃实处，即是行；行之明觉精察处，即是知：知行功夫本不可离。只为后世学者分作两截用功，失却知行本体，故有合一并进之说。”①

不过理想与现实总是有差距的，在王阳明看来很完美的理论，到实践中却遇到很大的问题，“知行合一”这个提法在他人眼里是有违常理的。徐爱的疑惑是具有代表性的。

爱因未会先生“知行合一”之训，与宗贤、惟贤往复辩论未能决，以问于先生。先生曰：“试举看。”爱曰：“如今人尽有知得父当孝、兄当弟者，却不能孝、不能弟，便是知与行分明是两件。”②

徐爱举了一个典型案例：人人都知道应该尽孝，却还是有很多不孝的，这种知行脱节现象不正说明“知”与“行”是两回事吗？

王阳明对此的解释是：这种人的“知行本体”已经被私欲隔断了，所以不是“知行合一”的本体。他说：

此已被私欲隔断，不是知行的本体了。未有知而不行者。知而不行，只是未知。圣贤教人知行，正是要复那本体，不是着你只恁的便罢。故《大学》指个真知行与人看，说“如好好色，如恶恶臭”。③

① 王守仁:《传习录中》,《王阳明全集》卷二，第 37 页。
②③ 王守仁:《传习录上》,《王阳明全集》卷一，第 3 页。

为了说明什么是真正的“知行本体”，他举了《大学》中“如好好色”“如恶恶臭”的例子。为了更好理解王阳明的观点，我们不妨先看看《大学》里有关的内容。原文如下：

所谓诚其意者：毋自欺也，如恶恶臭，如好好色，此之谓自谦；故君子必慎其独也！[①]

这段话用现在说法就是：人们一见到美好的事物（如美女帅哥），心中自然就产生了喜爱，一闻到臭味，马上就会产生厌恶。见到、闻到属于“知”，喜爱、厌恶属于“行”，见到“好色”的一瞬间就已经喜爱了，闻到“恶臭”的同时就产生了厌恶。王阳明认为，这里的“知”与“行”之间如影随形，这就是“知行合一”的本体。为了进一步说明什么是“真知”和“真行”，他又举了两个相反的例子：

如鼻塞人虽见恶臭在前，鼻中不曾闻得，便亦不甚恶，亦只是不曾知臭。就如称某人知孝、某人知弟，必是其人已曾行孝行弟，方可称他知孝知弟，不成只是晓得说些孝弟的话，便可称为知孝弟？又如知痛，必已自痛了方知痛；知寒，必已自寒了；知饥，必已自饥了：知行如何分得开？此便是知行的本体，不曾有私意隔断的。[②]

虽然周围恶臭熏天，但鼻塞之人因为闻不到，所以并不会产生厌恶，这是因为不“知”，所以不“行”；反之，戏子虽然表演了孝悌，但不能证明他真的做到了孝悌，因为他的

① 朱熹：《四书章句集注》，中华书局，1983年版，第7页。
② 王守仁：《传习录上》，《王阳明全集》卷一，第3–4页。

"行"不是发自"知"，而是来自剧本。

王阳明说的"知行本体"类似于人的本能反应，"知"属于意识的感知层面(但这个感知已经包含了潜意识的评价部分)，"行"则是意识感知后作出的反应(包括心理与身体两个方面)。

现代科学研究证明，人从感知到意念产生的时间还不到0.1秒，由于二者之间的时间非常短，所以人们几乎觉察不到知与行的间隔。仍以"如好好色"为例：首先是眼睛接收到美女帅哥的物像信息(包括色彩、形态、空间、动态等)，经神经系统传达给大脑，大脑潜意识层面对这些物像信息进行分析，得出美女帅哥的结论(到此时"知"才完成)；几乎在得到分析结论的同时，潜意识就会作出反馈：既然是美女帅哥，就应该喜爱。喜爱之情瞬间在内心升起，表现在情绪上就是一种愉悦的感受，如果这种情绪继续加强，可能会进一步有所行动，比如多看两眼，或者想上去搭讪、套近乎等。当然，在现实中这种由知到行的过程是潜意识在瞬间完成的，人几乎感觉不到中间的间隔。王阳明所说的"知行合一"就类似于这种本能反应——由知到行一气呵成，二者融为一个高度统一的整体，达到"无缝"衔接。所以他说："知是行的主意，行是知的功夫；知是行之始，行是知之成。"[1]

"知行合一"是王阳明在龙场悟道后提出的，其目的是落实他悟到的"心即理"。知与行如果能达到"无缝"衔接，就

① 王守仁:《传习录上》,《王阳明全集》卷一，第4页。

可以有效排除后天私意的隔断，从而实现心与理贯通。关于“心即理”与“知行合一”的关系，王阳明在《答顾东桥书》中有所论述：

心一而已，以其全体恻怛而言谓之仁，以其得宜而言谓之义，以其条理而言谓之理；不可外心以求仁，不可外心以求义，独可外心以求理乎？外心以求理，此知行之所以二也。求理于吾心，此圣门知行合一之教，吾子又何疑乎？①

2.“知行合一”的立言宗旨

“知行合一”的立意虽然很高明，但是在实际教学中并不顺利，因为在常人的观念里，知与行确实是分开的。比如，要做一道美食，首先要知道原材料和制作手法，才有可能做出来美食。再比如子女要尽孝，首先要知道如何尽孝，才能去尽孝。“知先行后”“知行分离”似乎是理所当然的事情，怎么突然就变成了“知行合一”了呢？徐爱就有所疑惑，他问了王阳明一个问题：“古人把知与行分做两个，也是为了让人明白。既要做知的功夫，也要做行的功夫，这样功夫才有下手处，难道古人说错了吗？”王阳明对这个问题进行了详细的回答，原文如下：

此却失了古人宗旨也。某尝说知是行的主意，行是知的功夫；知是行之始，行是知之成。若会得时，只说一个知，已自

① 王守仁:《传习录中》,《王阳明全集》卷二，第 37 页。

有行在；只说一个行，已自有知在。古人所以既说一个知又说一个行者，只为世间有一种人，懵懵懂懂的任意去做，全不解思惟省察，也只是个冥行妄作，所以必说个知，方才行得是。又有一种人，茫茫荡荡悬空去思索，全不肯着实躬行，也只是个揣摸影响，所以必说一个行，方才知得真。此是古人不得已补偏救弊的说话，若见得这个意时，即一言而足，今人却就将知行分作两件去做，以为必先知了然后能行。我如今且去讲习讨论做知的工夫，待知得真了方去做行的工夫，故遂终身不行，亦遂终身不知。此不是小病痛，其来已非一日矣。某今说个知行合一，正是对病的药。又不是某凿空杜撰，知行本体原是如此。今若知得宗旨时，即说两个亦不妨，亦只是一个。若不会宗旨，便说一个，亦济得甚事？只是闲说话。[①]

王阳明强调自己“知行合一”的提法不是“凿空杜撰”，但又说“若知得宗旨时，即说两个亦不妨”，前后似乎自相矛盾，立场不够坚定，这在某种意义上可以理解为他对自己观点的部分妥协。

王阳明其实也知道“知行合一”的提法会让部分人感到困惑，但为什么仍然坚持自己的观点呢？这其实也正是他的良苦用心，他自己悟到朱熹“知先行后”的偏弊，同时也为了纠正当时只“知”不“行”的社会风气，才抛出了这一观点。这正是他提倡“知行合一”的立言宗旨，他在和弟子黄直的讨论中，进一步论述了“知行合一”的宗旨。他说：

① 王守仁:《传习录上》,《王阳明全集》卷一，第 4 页。

此须识我立言宗旨。今人学问，只因知行分作两件，故有一念发动，虽是不善，然却未曾行，便不去禁止。我今说个“知行合一”，正要人晓得一念发动处，便即是行了。发动处有不善，就将这不善的念克倒了。须要彻根彻底，不使那一念不善潜伏在胸中。此是我立言宗旨。①

从古今中外的法律来看，一个人只有犯罪的念头，但并没有采取任何实质行动，就不能算违法。例如，一个人虽然想偷东西，但并没有去行动，就不能被称为小偷。不过依据王阳明“知行合一”说法，一念发动便是行了，一个人有偷东西的念头，就算没有行动，也就等同于小偷了。不得不说，“知行合一”这种近乎严苛的道德评价机制要远远高于世俗法律的要求。

王阳明为什么强调一念发动就是行了呢？这是因为他通过思考和观察，意识到心性修养对个人行为的重要性。心念是一切行为的源头，人的任何一个行为，总是起源于念头，常人最容易犯的一个错误就是：有时明明知道是对的，却因为懒惰或者别的私欲而没有付诸实践；有时明明知道是不对的，但认为自己只是想想，并没有去做，所以也就没有在意。究其原因，在常人的观念里，知与行之间并不对等，这正是常人与圣贤的最大区别。一个小火点，也许暂时不能造成很大的危害，但一旦遇到合适的条件就可能引发熊熊大火。因此，防范火灾的最好办法就是及时清除火点，从源头上抓起。

① 王守仁:《传习录下》,《王阳明全集》卷三，第 84 页。

“知行合一”正是从清除心念上的“火星”入手，防微杜渐，防患于未然。

王阳明在龙场悟到了“心”的重要性，针对时弊提出了“知行合一”，晚年又改为“致良知”，提法虽然换了，但根本宗旨并没有改变，都是希望人们明白一个道理——修身在正心。

是的，心是一切行为的源头。从根源上入手，彻底清除潜藏在内心的不善念头，才是提升个体道德修养的根本途径。这是“知行合一”的立言宗旨，也是阳明心学的根本宗旨。

3.“立志”——“知行合一”的学修方法

王阳明提出了“知行合一”，但是对“合一”后的“知行”本体该如何把握却没有很好的办法，这就成为“知行合一”学修的一个难题。从贵阳诸生的“纷纷异同，罔知所入”到徐爱的反复质疑，都说明“知行合一”在实际学修中存在一定的困难。

例如，现实生活中如何确保内心的“知”不是被私欲隔断后的“知”，这对很多人来说就是一个很困难的问题。曾经有学生提了这样一个问题：“我昨天晚上特别想看电影，当时仔细观察内心，发现‘想玩’的念头是非常真实而强烈地存在于我的心中。那么，如果我此时强忍住不玩，是不是就是被私欲隔断，反而不是‘知行合一’了呢？”

这个问题确实很有迷惑性，为了避免陷于概念的纠缠，我问道："你为什么要强忍住不玩呢？"

学生回答："因为担心会浪费很多时间。"

我接着问："这个担心是从哪里来的？"

学生沉默，然后恍然大悟，答："内心的良知。"

谈话到此结束，我没有回答"看电影"的念头是否是良知，但学生已经明白既然"担心"的念头是良知发出的，那自然就可以分辨出"看电影"的念头不是良知了。

读过《传习录》的人会发现，以上案例和南大吉问学的故事有点儿类似。这两件事都说明良知虽然存在于每个人的内心，但是并不易被觉察，而私欲却经常会伪装成"良知"出现在我们的内心，如果我们不细细分辨，就很容易被私欲迷惑，如同真假美猴王，分不清哪个是"真的"，哪个是"假的"，自然无法做到真正的"知行合一"。当然，在此需要补充说明，看电影本身没有善恶，主要看是否合宜，本书后面章节会讨论到这个问题，在此不再赘述。

这个案例说明，内心的念头是"真知"还是"私欲"确实很难判断，尤其是很多时候"当局者迷"，就更容易"认贼作父"，这实在是困扰学修"知行合一"的一个大问题。如何解决这个问题，王阳明给出的办法就是"立志"。

"立志"是王阳明早期教学生的重要方法，他在多个场合强调过。王阳明还在龙场的时候，有不少学生千里迢迢来向他问学，他专门写了一篇《教条示龙场诸生》，给学生提出

"立志""勤学""改过""责善"四点建议，他把"立志"放在首位，足见其对"立志"的重视，他在文中写道：

志不立，天下无可成之事，虽百工技艺，未有不本于志者。今学者旷废隳惰，玩岁愒时，而百无所成，皆由于志之未立耳。故立志而圣，则圣矣；立志而贤，则贤矣。志不立，如无舵之舟，无衔之马，漂荡奔逸，终亦何所底乎？[①]

这段文字脍炙人口，富含哲理。王阳明认为"立志"是世间所有事情成功的根本，对一个人的人生意义重大，也是学习圣贤首要条件。

正德五年（1510），王阳明以庐陵县知县身份进京朝觐，并首次在京城宣讲自己的心学。黄绾[②]慕名前来拜访，王阳明与他交谈后喜形于色，觉得遇到了一个真正志同道合的人，他激动地问黄绾："你讲的这些学问久绝于世，你是从哪里听到的呢？"

黄绾回答："我只是略有为学的志向，但实际没有下过功夫，还谈不上学问。"

王阳明说："人最怕的是志向不够，不怕功夫不到。"（人唯患无志，不患无功。）

在王阳明看来，一个人只要肯"立志"，成功是迟早的事情。这个观点，他在给学生周道通的信中也提到过：

① 王守仁：《教条示龙场诸生》，《王阳明全集》卷二十六，第804页。

② 黄绾：字宗贤，号久庵、石龙，浙江黄岩人，是王阳明重要的学友之一。

大抵吾人为学紧要大头脑，只是立志，所谓困忘之病，亦只是志欠真切。今好色之人未尝病于困忘，只是一真切耳。[1]

俗话说，“师傅领进门，修行靠个人”。任何一个人的成功都是无法复制和比拟的，通往成功的道路往往布满了荆棘，每个人遇到的困难也会千差万别，佛家所谓的“方便法门”，就是要个人学会具体情况具体分析。一个人要想战胜困难，除了要有分析和解决问题的能力，还要有坚定的志向。因为在通往成功的路上，只有坚定的志向才是战胜所有困难的根本保证。

4.“立志”与“责志”

王阳明反复强调“立志”的重要性，不过对很多人而言，“立志”似乎是一句空洞的口号，感觉无从下手，学生周莹就有这样的困惑。

周莹，浙江永康人，早期曾跟着应良[2]学习。应良教导周莹要“立圣人之志”，以圣贤为榜样，要在生活中学圣贤、做圣贤。周莹学习了一段时间，觉得应良老师每天似乎都是这么几句，全是大道理，始终没有讲清楚如何才是“立圣人之志”，因此就有点儿质疑老师的意思。应良看学生不相信自己，心中着急，无奈之下就让周莹向王阳明当面求教。

① 王守仁:《答周道通书》,《王阳明全集》卷二，第50页。

② 应良：字原忠，浙江仙居人，王阳明早期弟子。

周莹求学的心很坚定，他带着仆人，携带干粮，从永康赶往南京。七八月份正是江南酷暑时节，仆人半路病倒返回，周莹丝毫没有动摇决心，一个人克服重重困难，坚持到达南京。王阳明了解情况后，没有立即给周莹讲如何“立志”，而是一本正经地对周莹说：“你已经掌握了成为圣贤的方法，可以回去了。”

周莹被搞得丈二和尚摸不着头脑，以为王阳明拿自己开玩笑，就一本正经地说：“我比较愚笨，请王老师明示。”王阳明又很认真地重复了一次自己的话。周莹有点坐不住了，心想：我千辛万苦到你这里取经，结果你啥也没有讲，就想打发我走？坚决不行，一定要问出个结果来。

周莹站起来恭恭敬敬地行礼，再三恳请王阳明指教，王阳明看火候差不多了，就问周莹：“这么热的天，你这一路过来有上千里路程，要准备干粮、盘缠，又是坐船，又是乘车，这么辛苦赶到我这里，请问有人强迫你吗？”

周莹说：“怎么会有人强迫我呢？我是心甘情愿到您这里来请教学问的，以此为乐事。”

王阳明说：“这不正是方法吗？虽千辛万苦，但你立志要到这里，最终也就到达了。如果用这种方法学做圣贤，难道有不成功的吗？”

周莹愣了一下，然后兴奋地一跃而起，说：“我明白了！我明白了！我懂得老师说的方法了！”

不得不承认，王阳明教导学生的方法很高明，三言两语就巧妙地点化了周莹，颇有禅宗风范。不过，不是人人都能像周莹一样，有这种特殊的机缘可以被点化，有没有可供常人参照的“立志”方法呢？

答案是：有。王阳明曾经给弟弟王守文写过一篇文章，专门讲解了“立志”和“责志”的学习方法。

正德九年（1514）七月，王守文从老家来到南京，跟随王阳明学习。俗话说，长兄如父，现在父亲王华不在身边，王阳明自然承担起了指导弟弟生活和学习的责任。而王守文又是几个弟弟中最好学的一个，所以王阳明对他格外照顾。对于刚开始学习的王守文，王阳明自然还是讲“立志”的学问，王守文听了几天，对“立志”的学说也是不明所以，就问王阳明能否用浅显的话语写成文字给自己，以备时时观看反省。王阳明自然不会拒绝，认真写了一篇《示弟立志说》，对“立志”的学问进行了详细阐述。

在文章中，王阳明首先讲解了“立志”的重要性。他说：“夫学，莫先于立志。志之不立，犹不种其根而徒事培拥灌溉，劳苦无成矣。”[1] 王阳明很喜欢以种树来比喻为学，给弟弟讲学也不例外。他告诉弟弟，为学的首先任务也是立志，否则就是无根之木，无源之水。

接着，王阳明讲了“立志”的具体方法。他指出，人如果立志要成为圣人，首先是要明白圣人与常人的根本不同在哪里。如“圣人精金论”所述，王阳明认为圣人与常人的根本区

① 王守仁：《示弟立志说》，《王阳明全集》卷七，第219页。

别是“心”，常人学习圣人的关键就是要学习圣人的“心”，就是要去除内心的私欲，具体做法就是“正诸先觉，考诸古训”，也就是要向圣贤和经典学习。

随后，王阳明又讲解了“立志”的实践方法。“立志”的实质就是借助强大的意志力，使头脑保持持续的清醒和觉知，从而能在私欲出现的第一时间立即发现和克制。具体练习方法就是，“正目而视之，无他见也；倾耳而听之，无他闻也。如猫捕鼠，如鸡覆卵，精神心思凝聚融结，而不复知有其他，然后此志常立，神气精明，义理昭著。一有私欲，即便知觉，自然容住不得矣”。[①]

事实上，“立志”这种保持清醒觉知的方法，是儒释道三家共用的方法，也是阳明心学修证功夫中最关键的一步。王阳明早期教人静坐，其实就是为了培养这种内心观照的能力。有过静坐训练的人都知道，人的意识活动是最难控制的。古人说“心猿意马”，就是形容人的心念几乎一刻也停不下来，不停地在过去、现在和未来之间跳跃。有时候越想让内心专注，杂念反而越多，这如同深陷沼泽的大象，越挣扎，就陷得越深。怎么解决这一难题呢？王阳明的方法是“责志”。

“责”是要求、怪罪的意思，“责志”就是责取、砥砺志气。通过“责志”可以振作精神、战胜私欲，“故凡一毫私欲之萌，只责此志不立，即私欲便退；听一毫客气之动，只责此志不立，即客气便消除。或怠心生，责此志，即不怠；忽

① 王守仁:《示弟立志说》,《王阳明全集》卷七，第 219–220 页。

心生，责此志，即不忽；懆心生，责此志，即不懆；妒心生，责此志，即不妒；忿心生，责此志，即不忿；贪心生，责此志，即不贪；傲心生，责此志，即不傲；吝心生，责此志，即不吝”。[①] 无论内心有何种私欲念头出现，只要“责志”，就能统统解决。因此，王阳明认为，“盖无一息而非立志责志之时，无一事而非立志责志之地。故责志之功，其于去人欲，有如烈火之燎毛，太阳一出，而魍魉潜消也”。[②]

一个人如果能时时刻刻“立志”和“责志”，头脑中自然被“志”所主宰，从而使私欲无机可乘，无处容身，即使偶尔出现，也如同烈火燎毛、洪炉点雪，瞬间即灭，这正是王阳明告诉弟弟的“立志”秘诀。

最后，王阳明再次点明“立志”是学问的根本。王阳明认为古圣贤和经典虽然表述不同，但核心都是讲“立志”的学问，“盖终身问学之功，只是立得志而已”。[③]

《示弟立志说》既有理论阐释，又有方法指导，是王阳明对自己“立志”学说的高度概括，对学习研究阳明心学的人而言也有很好的启示作用。

①②③ 王守仁:《示弟立志说》,《王阳明全集》卷七，第220页。

5. 事上磨炼

王阳明的心学在当时的影响很大，很多人前来学习，但同时也遭到了不少人的批评，如顾东桥[①]就写信给他，质疑他“立说太高，用功太捷，后生师传，影响谬误，未免坠于佛氏明心见性、定慧顿悟之机”。王阳明对此进行了反驳：“区区格、致、诚、正之说，是就学者本心日用事为间，体究践履，实地用功，是多少次第、多少积累在，正与空虚顿悟之说相反。”[②]

王阳明认为自己学说与禅学有本质的不同，其最大特点就是注重在日常实事上做学问。他说：“故致知者，意诚之本也。然亦不是悬空的致知，致知在实事上格。”[③]在实事上格物，也就是阳明心学的“事上磨炼”。所谓“事上磨炼”，就是主张一个人真正的学问应该来源于实践，而且也必须能经得起实践的检验。简单来说就是“从实践中来，到实践中去”，这也是阳明心学实践性的一个重要体现。

在《明儒学案》中，王阳明的学生朱得之记录了这样一件事：

阳明在南都时，有私怨阳明者，诬奏极其丑诋。始见颇怒，旋自省曰：“此不得放过。”掩卷自反，俟其心平气和再展

① 顾璘，字华玉，号东桥居士，长洲人，明代政治家、文学家。

② 王守仁：《传习录中》，《王阳明全集》卷二，第36页。

③ 王守仁：《传习录下》，《王阳明全集》卷三，第105页。

看。又怒，又掩卷自反。久之真如飘风浮霭，略无芥蒂。是后虽有大毁谤，大利害，皆不为动。尝告学者曰："君子之学，务求在己而已，毁誉荣辱之来，非惟不以动其心，且资之以为切磋砥砺之地，故君子无入而不自得，正以无入而非学也。"[①]

从这件事可以看出，王阳明作为一代宗师，他的学问修养不是天生就有的，而是在生活中一点一点磨炼出来的。这种逆境中迎难而上的磨炼方法，正是阳明心学的独特修身功夫。

王阳明在日常教学中特别强调"事上磨炼"。有一个学生名叫陆澄[②]，早年曾跟随在王阳明身边学习，平时也练习静坐，感觉有一定的成效，偶尔也能体会到内心安定的状态。不过陆澄大概属于情绪型人格，很容易被外界干扰，对此他也颇为苦恼。

有一天，陆澄问王阳明："静的时候感觉状态挺好的，也想一直维持这种功夫，但一遇到事就全乱了，这该怎么办呢?"

王阳明答道："这是因为你只知道在静处修养，而不知道在生活中练习克制约束自己的情绪，因此一遇到事就全乱了。人必须在事上磨炼，才能达到没事和有事都镇定自若的状态。"

① 黄宗羲：《明儒学案》卷二十五，中华书局，2008年版，第589-590页。

② 陆澄：字原静，一字清伯，浙江吴兴人。

陆澄听了颇有感悟，连连点头称是。

上天也许就是要考验一下这位陆澄同学。有一天，陆澄突然接到一封家书，信中说他的儿子得了重病，快要死了，让他赶快回家。当时的通信和交通手段都比较落后，信从浙江寄到南京需要好多天，陆澄收到信的时候，也不知道儿子目前到底什么情况，因此内心焦急万分，几乎无法忍受。

王阳明知道了，没有安慰陆澄，而是对他说："现在正是用功的时刻，如果错过这个机会，平时讲学又有什么用处？人就是要在这种情况下磨炼意志。父亲爱儿子，感情至深，但天理也有个中和处，过分了就是私心。遇到这种事，人们一般都认为担心忧愁是理所当然，所以一味忧苦而无法自拔，心就失去了本体，这恰恰是《大学》上讲的'有所忧患不得其正'。一般说来，人们七情的表露，大部分都是过度了，不够的比较少。情绪稍有过分，就不是心的本体了，一定要调停适中才算中和。"

乍一看，这段话让人可能有些困惑，觉得王阳明讲话有点不近情理：别人家的孩子都快要死了，你不安慰也就罢了，怎么还在这里讲什么"磨炼意志"和"中和"等大道理呢？

不过，如果学习过阳明心学的话，就会明白王阳明的良苦用心。这件事恰恰体现了王阳明对学生的"大爱"，也体现了他作为一代宗师的大家风范。

我们不妨静下心来分析一下：对陆澄而言，儿子得了重病，或者不幸夭折，确实是天大的灾难，着急是在所难免的。

但他现在毕竟是在千里之外，不可能瞬间飞回去的，这是没有办法改变的事实，所以着急并不能解决问题；过分着急不仅不能产生实际效益，反而有把事情变得更加糟糕的可能（比如过分焦虑可能导致陆澄自己生病，或者在回家路途中发生意外等）。况且，现实情况也许并没有那么坏，孩子也可能已经转危为安了，只是消息还没有传送过来，如果真的如此，着急也就成了白白浪费。因此，在没有办法改变现状的情况下，陆澄保持冷静也许是最好的选择。这件事，也让我们看到阳明心学处理生活问题上的人生智慧。这种智慧具体而言如下：

第一，当事情已经发生、无法改变的时候，人要学会坦然面对现实；

第二，任何事物都要把握一个度，情绪也是一样，过分的情绪只会让人失去理智，甚至会使事情越来越糟，对解决问题毫无意义；

第三，古人所谓的学问包括培养自己的德性和涵养，克制各种私欲（如过度的情绪），保持心体不受遮蔽，这种功夫需要在现实生活中慢慢磨炼；

第四，逆境对人的磨砺作用更大，要把困难当作磨炼自己的好机会，通过“事上磨炼”提高自己的学问。

说白了，阳明心学强调人应该尽量排除情绪的干扰，以理性态度（良知）面对生活，这其实正是中国传统文化的精髓。

中国现当代著名的翻译家、作家、教育家傅雷先生在给儿子傅聪（著名钢琴演奏家）的家书中也谈到类似的观点：“中国哲学的理想，佛教的理想，都是要能控制感情，而不是让感情控制。假如你能掀动听众的感情，使他们如醉如狂，哭笑无常，而你自己屹如泰山，像调度千军万马的大将军一样不动声色，那才是你最大的成功，才是到了艺术与人生的最高境界。”①

傅雷先生说的“不动声色”，也就是现代心理学中常说的“情绪掌控力”，这在阳明心学中被称为“不动心”。

6. 不动心

如果仅仅从思想、学术的角度来看，王阳明的历史影响也许与朱熹、陆九渊差不多，但从实际影响力而言，王阳明却远远超越了二人。王阳明能够被称为“真三不朽”，彪炳史册，很重要的一个原因是他在军事上创造的辉煌成就。在整个明朝，王阳明都称得上是一个响当当的军事家，而且是文人中少见的军事天才，他实现了传统儒家文武兼备、智勇双全的人格理想，同时拥有思想家、文学家、军事家等多个光环，这使他的影响力大大增强。

江西对王阳明具有特殊的意义。从正德十二年至正德十六年，王阳明基本上都是在江西度过的。他先是用了一年零三个月彻底平息了当地的武装暴乱，又仅用了四十三天挫

① 傅雷：《傅雷家书》，生活·读书·新知三联书店，2018年版，第36页。

败了宁王处心积虑策划了十几年的谋反，并活捉朱宸濠本人，功勋卓著，朝野震动。两次重大军事胜利使王阳明声名大振，很多人慕名前来拜师学习，其中不乏想向他学习兵法、以求建功立业的人，但王阳明对讲授兵法似乎不太感兴趣。

据钱德洪讲，他侍奉在老师身边八年，一些同门每次问起兵事，王阳明都默而不答。不回答的原因可能有以下两个方面：

第一，王阳明反对依靠武力来治理国家。他认为圣人治世如同中医治病：高明的医生以“治未病”为上策，“治已病”属于下策，等到病入膏肓再治，更是下下策。圣人治世以得人心为上策，用兵杀人是下下策，实在是不得已的事情，所以他并不提倡用兵治世。

第二，用兵之术说到底还是个人学问修养的事情。高手过招，胜负只在一念之间，真正的将才必须要能做到“不动心”，即临危不惧、举重若轻。如果一个人的学问修养达不到，学习兵法也是没有意义的。

这个道理王阳明曾经私下告诉过钱德洪。有一次，钱德洪问：“用兵有什么秘诀吗？”王阳明说：“用兵能有什么秘诀？只是学问纯正笃实，涵养得此心不动，就是秘诀了。常人的智商和能力差距不大，决定胜负的关键不在于临阵谋划，只在于心的动与不动之间。我以前与宁王叛军在鄱阳湖上作战，当时敌情危急，我看到南风转急，立即命令身边的将领们赶快准备火攻，可是将领们呆若木鸡，毫无反应，我多次下命令给他们，他们却像没有听见一样。这些人平时都是一些声名很高的人，智慧和谋略怎么会不够用？但身临险境时却如此仓皇失措，他们的智慧和谋略又怎么能够正常发挥呢?”

由此看来，王阳明认为一名合格的将领，首先应该具备良好的心理素质，才能临阵不慌、随机指挥。事有凑巧，有一个弟子听说了王阳明这段话，自称可以带兵打仗，王阳明就问他何出此言。

这个弟子回答说:“我能够做到不动心。”

王阳明说:“不动心可以随便说吗?”

弟子说:“我有控制心动的方法。”

王阳明笑着说：“此心在临阵对敌时却要顾着去制动，那么谁去出谋划策呢?”

这个弟子心中不服，就问：“如今有人不懂得学问，也能够身临险境而不畏惧，是否可以带兵打仗?”

王阳明说：“有的人天生性格刚强，也能够身临险境不畏惧，但是他的心一定是勉强把持才能够这样。勉强把持就是对本体的蒙蔽，就无法同时掌控多件事情，不能做到灵活运用，这只是孟子所讲的保持勇气。如果人们真的愿意在良知上用功，时时精明，不被私欲蒙蔽，自然能够临事不动、随机应变，这就是曾子所讲的坚守内心。另外，如果内心知道正义在我这一边，就算对方有千军万马，我也照样会勇往直前。”

从王阳明这段话可以看出，“不动心”分为自然不动和强制不动两种。自然不动的“心”是活泼自在的，即使身处险境也能变化自如、随机而动；而强制不动的“心”就像一个人被捆绑了起来，面对外界的干扰，确实可以做到“不动”，但此“心”已经失去了随机应变的能力。这个弟子以为有了强制内心不动的办法就可以带兵打仗，其实是误解了“不动心”的本义。

王阳明认为，“不动心”需要在实践中磨炼而成，一个人如果能在良知上下功夫，本体光明，自然就能做到临阵不慌、随机应变。当然，王阳明也不否定后天经验学习的重要性，他曾说：“必须身习其事，斯节制渐明，智慧渐周，方可信行天下；未有不履其事而能造其理者，此后世格物之学所以为谬也。”[①] 这一点再次体现了他在实事上“格物”的观点。

综上可以看出，王阳明说的“不动心”，是指人要有定力，能时刻以良知为主宰，不受个人情绪的操控，坦然面对荣辱得失，甚至在生死存亡时也能保持镇定，作出理性的判断和抉择。

“不动心”不是槁木死灰，也不是强行压抑，而是经过世事磨炼后的豁达和淡定。在现实生活中，一个人要做到“不动心”也不是一件容易的事情。禅宗里有这样一个典故：苏东坡平时喜好佛法，也有很深的造诣，据说有一天他在静坐后感觉很有收获，就写了一首诗：

① 钱德洪:《征宸濠反间遗事》,《王阳明全集》卷三十九，第 1220 页。

稽首天中天，毫光照大千。

八风吹不动，端坐紫金莲。[①]

“八风”属于佛教术语，又称为“世八法”，指人在世间遇到的八种境况，分为四顺和四逆两大类，分别是利、衰、毁、誉、称、讥、苦、乐。“八风吹不动”也就是说不管遇到顺境还是逆境，都能宠辱不惊，坦然面对。

苏东坡的诗是想表达自己的修行已经达到了很高的境界，为了找人印证，他让书童送给江对岸的禅师朋友品鉴。禅师看后，微微一笑，在诗后用红笔批注了两个大字——放屁。苏东坡原本以为禅师会赞叹有加，没有想到被如此侮辱，自然怒火中烧，自己连夜过江找禅师理论，在寺庙门口碰到禅师的徒弟，小和尚说禅师已经出去访客了，不过预料苏东坡会来，所以留帖一张。苏东坡打开一看，上面写着：

八风吹不动，一屁过江来。

苏东坡是个聪明人，马上醒悟过来，满脸通红。原来禅师是在考验苏东坡的“不动心”是真是假，结果证明他的境界确实是假的。

这个故事除了幽默，后边的道理也耐人寻味。俗话说，“想得到，做不到；看得破，忍不住”，说明一般人想要达到“不动心”并非一件容易的事情。没有经过“事上磨炼”的“不动心”都是不靠谱的，这也充分说明了实践的重要性。南宋著名诗人陆游也有类似的观点，他在《冬夜读书示子聿》中告诫

① 张志军:《禅心》，现代出版社，2009年版，第285页。

儿子：

古人学问无遗力，少壮工夫老始成。

纸上得来终觉浅，绝知此事要躬行。

一个人通过读书获得感悟，这是很重要的一个学习途径，但这种感悟如果没有在生活实践中得到检验，那么就还属于知识层面上的经验，不能算作自己的学问。“事上磨炼”强调的就是实践的检验作用，只有在实践中才能看出一个人是否真正达到了“不动心”。因此，看一个人的修养是否达到了“不动心”的境界，不是看他顺风顺水、没有事情的时候，而是要看他遇到问题的反应。一个真正“不动心”的人一定会有异于常人的地方，比如遇到有人无理取闹，常人会大动肝火，他却能保持冷静；遇到危急紧要关头，人们会惊慌失措，他仍能不乱方寸、应对如常；遇到得意之事，一般人会情不自禁、洋洋自得，他仍能保持自己的谦虚和谨慎……

“不动心”不是一件容易的事情，常人必须通过“事上磨炼”，使自己的良知不断光明，逐渐摆脱情绪的控制，才能达到“静亦定，动亦定”的修养和境界。

7. 日常工作生活就是修行

“不动心”与“事上磨炼”对人们有很好的启示和教育意义，尤其是当人身处逆境的时候，可以激发人的勇气，磨炼人的意志力，改变人们面对生活的态度。

王阳明有个学生名叫王纯甫，性格耿介，在京城工作时不讨上级和同事喜欢，被排挤到南都。他心情愤懑，决定辞职回家，可是又遭到父亲的反对，无奈之下只好又去新单位工作。可是没过多久，王纯甫和新同事之间的关系又出现了问题，工作、生活都不顺利，心情糟糕到了极点。王阳明知道后，就写信给他，鼓励他把困境当作考验，在工作生活中磨炼自己，信中写道："譬之金之在冶，经烈焰，受钳锤，当此之时，为金者甚苦；然自他人视之，方喜金之益精炼，而惟恐火力锤煅之不至。既其出冶，金亦自喜其挫折煅炼之有成矣。"[①]

有一个地方官员，听王阳明讲学后颇有感触，觉得阳明心学是修养身心的好办法，但苦于自己公务繁忙，无暇用功学习。有一天下课后，这位官员对王阳明说："先生学说非常好，只是可惜我每天要处理的公务和案件极其繁重，没有时间去做学问啊！"

王阳明听后，就批评他说："我何时让你放弃公务和案件去悬空讲学了？你是一个公务员，日常工作需要断案，那么就在工作中磨炼自己，如此才是真正地格物，真正地做学问。"

看这位官员不明白，王阳明继续点化道："例如，当你审理案件的时候，既不能因为对方的无礼而恼怒，也不能因为对方言语婉转、说话讨人喜欢就高兴；既不能因为对方背后

① 王守仁:《与王纯甫》,《王阳明全集》卷四，第 133 页。

找人打招呼而存心整治他，也不能因为对方的苦苦哀求而随意姑息；既不能因为自己公务繁忙就草率结案，也不能因为旁人的诋毁和陷害而随他人的意愿去处理。诸如此类情况都是心中的私欲在作祟，你工作时必须仔细省察克治自己的内心，千万不能让自己心中有丝毫偏差而妄断是非，要时刻严格按照法律和常理来处理案件，这个过程就是格物致知。处理公务与诉讼，全是切实的学问，如果抛开日常工作去做学问，反而会不着边际。”

对于地方官员而言，审理案件是日常工作中十分寻常的事情，时间久了难免会有轻忽之心，但经王阳明这么一分析，工作中处处都是考验，稍不留神就可能迷失本心，妄断是非。所以对这位官员而言，工作就是修行，必须时时小心，事事谨慎，不能有丝毫的马虎。

这个故事对我们的启发也很大。一说到修身，现代人脑海里往往会联想到闭门谢客、深居简出、精舍品茶等闲适的生活，觉得修身养性是富人才有资格做的事。诸如要有钱，才能保证衣食无忧；有闲，才能实现无人打扰；有名师，才能遇到问题有高人指点；甚至最好还要有幽静的场地，远离红尘才行。不过在王阳明看来，修行不需要任何条件，每个人的日常工作和生活就是最好的修行机会。一个人无论性别、出身，无论从事什么样的职业，无论有钱还是没钱，无论身处顺境还是逆境，只要能随时克制私欲，保持内心良知的光明，就是在磨炼自己的心性，就是在修行。

第四章 “致良知”——阳明心学的最终浓缩

正德十五年（1520），王阳明在江西正式提出“致良知”。“致良知”的提出标志着阳明心学进入了第四个阶段，也宣告王阳明对自己思想的最终凝练和升华过程的完成。

1.“良知”学说的发展历史

在介绍“致良知”之前，先把“良知”学说的历史简单梳理一下。“良知”一词最早由孟子提出，原文如下。

人之所不学而能者，其良能也；所不虑而知者，其良知也。孩提之童，无不知爱其亲者；及其长也，无不知敬其兄也。亲亲，仁也；敬长，义也；无他，达之天下也。[①]

孟子认为，人身上有与生俱来的知识和能力，不学就会的称为“良能”，不用思考就知道的称为“良知”。他举例说：小孩子不用人教就自然知道爱他的父母，长大后不用人教就自然敬重他的兄长，这种知道爱父母、敬兄长的“知”就是

① 朱熹:《四书章句集注》，中华书局，1983年版，第353页。

"良知"。在另一篇文章中，孟子进一步对"良知"与"良能"进行了论述。

所以谓人皆有不忍人之心者，今人乍见孺子将入于井，皆有怵惕恻隐之心。非所以内交于孺子之父母也，非所以要誉于乡党朋友也，非恶其声而然也。由是观之，无恻隐之心，非人也；无羞恶之心，非人也；无辞让之心，非人也；无是非之心，非人也。恻隐之心，仁之端也；羞恶之心，义之端也；辞让之心，礼之端也；是非之心，智之端也。[①]

孟子举了一个例子：看到小孩子快要掉入井中，一般人都会去救小孩子，这种行为不是为了结交小孩子的父母，不是为了在乡里获得好名声，也不是因为讨厌小孩子的哭声，而是因为人天生就有的恻隐之心。不仅如此，孟子进一步指出，人之所以为人，就是因为有恻隐之心、羞恶之心、辞让之心和是非之心，这"四心"是儒家提倡的"仁""义""礼""智"的发端，这就是孟子的"四端说"。

孟子提出的"良知""良能"和"四端说"是其性善论的逻辑基础，把儒家的思想也推到了一个新的高度。孟子之后，"良知"学说几乎处于停滞状态长达近千年，原因是稍后的荀子提倡性恶论，"良知"自然不是他的考虑范围。到了两汉时期，儒家学说进入了经学时代，注解经书成为要务，讨论心性问题的著作少有出现。就这样，"良知"学说在儒学史中发生了"断裂"。

① 朱熹：《四书章句集注》，中华书局，1983年版，第237-238页。

儒家精英分子对心性学说的再次关注是因为佛道的兴盛。魏晋、隋唐时期，佛教和道教的崛起，使儒家“独霸江湖”的地位受到了前所未有的挑战，也为儒家心性学说的发展提供了契机。一方面，儒家思想亟须一次大变革，以应对佛道兴起所带来的危机；另一方面，大乘佛学中关于佛性问题的经典广泛传播，为儒家心性学说提供了借鉴。在此背景下，宋明理学应运而生，宋儒在对儒家思想进行革新的过程中，“良知”自然成为其关注的内容。

张载在《正蒙》中认为，“诚明所知乃天德良知，非见闻小知而已”[①]，而且认为这种天德良知“不萌于见闻”[②]，明确把人的知识区分为先验的道德知识和一般的经验知识；程颢、程颐认为，良能是人和其他动物共有的本能，良知则是人所特有的自觉道德理性，但无论是良知还是良能，“皆无所由，乃出于天，不系于人”[③]。陆九渊把孟子所说的“四心”称为人的“本心”，并充分肯定了人的善端本性，认为“四端万善，皆天之所予，不劳人妆点”[④]。宋儒中，朱熹是集大成者，他认为人都有良知，其具体内容便是孟子所说的恻隐之心，他说：“虽圣人不能无人心，如饥食渴饮之类，虽小人不能无道心，如恻隐之心是。”[⑤]朱熹这里说的“人心”指人的一般欲望，“道

①② 张载：《张载集》，中华书局，1978年版，第20、24页。
③ 朱熹：《四书章句集注》，中华书局，1983年版，第353页。
④ 陆九渊：《陆九渊集》，中华书局，1980年版，第448页。
⑤ 黎靖德编：《朱子语类》卷七十八，崇文书局，2018年版，第1518页。

心”则指人的良知、良心。

就“良知”学说而言，宋儒虽有提及，但并没有进行充分论述。到了王阳明，他以“致良知”作为自己学说的总结，对“良知”学说进行了极大的丰富和发展，并作为一面大旗扛了起来。

2. 什么是“良知”

不难看出，无论是程朱理学还是阳明心学，在天性良知的问题上都继承了孟子的观点，即对良知持先验论的观点：他们认为良知是人天生就有的，是人区别于其他动物的根本属性。

孟子讲的良知主要限于伦理道德层面，相当于“良心”。宋儒的论述并没有对此进行突破，但到了王阳明这里，他对良知内涵进行了创造性的拓展，良知已经不仅仅限于“良心”层面。如：

(1) 良知是“是非之心”。

孟子云：“是非之心，知也。”“是非之心，人皆有之”，即所谓良知也。[①]

(2) 良知是“天理”。

良知是天理之昭明灵觉处，故良知即是天理。思是良知之发用。若是良知发用之思，则所思莫非天理矣。良知发用之

① 王守仁：《与陆元静》，《王阳明全集》卷五，第161页。

思，自然明白简易，良知亦自能知得。[①]

(3) 良知是“道”和“明师”。

“天命之谓性”，命即是性。“率性之谓道”，性即是道。“修道之谓教”，道即是教。问：如何道即是教？曰：道即是良知。良知原是完完全全，是的还他是，非的还他非，是非只依著他，更无有不是处。这良知还是你的明师。[②]

(4) 良知是“造化的精灵”。

良知是造化的精灵。这些精灵，生天生地，成鬼成帝，皆从此出，真是与物无对。人若复得他完完全全，无少亏欠，自不觉手舞足蹈，不知天地间更有何乐可代。[③]

除此之外，王阳明还写了很多歌咏良知的诗，如《咏良知四首示诸生》和《答人问良知二首》。

咏良知四首示诸生[④]

其一

个个人心有仲尼，自将闻见苦遮迷。

而今指与真头面，只是良知更莫疑。

其二

问君何事日憧憧？烦恼场中错用功。

莫道圣门无口诀，良知两字是参同。

---

① 王守仁:《传习录中》,《王阳明全集》卷二，第 63 页。

② 王守仁:《传习录下》,《王阳明全集》卷三，第 92 页。

③ 王守仁:《传习录下》,《王阳明全集》卷三，第 91–92 页。

④ 王守仁:《咏良知四首示诸生》,《王阳明全集》卷二十，第 652–653 页。

其三

人人自有定盘针，万化根源总在心。

却笑从前颠倒见，枝枝叶叶外头寻。

其四

无声无臭独知时，此是乾坤万有基。

抛却自家无尽藏，沿门持钵效贫儿。

《咏良知四首示诸生》中，第一首诗用“仲尼”暗指人人都有成为圣贤的种性，这个种性就是指内心的良知。王阳明慨叹世人的良知都被外在纷乱的知识遮蔽，导致“不识庐山真面目”；第二首诗和第三首诗分别把良知比作“参同”和“定盘针”，批评朱熹“物上求理”的格物观点，暗示圣学功夫应该在心上求理；第四首诗最耐人寻味，良知本来看不见、摸不到，令人捉摸不透，王阳明却在这里指明了良知的存在状态，暗示良知就是一个人没有外界干扰、内心默默觉知的时候，那种清醒觉知的状态就是良知存在的明证。

答人问良知二首[①]

其一

良知即是独知时，此知之外更无知。

谁人不有良知在，知得良知却是谁？

其二

知得良知却是谁？自家痛痒自家知。

若将痛痒从人问，痛痒何须更问为？

① 王守仁:《答人问良知二首》,《王阳明全集》卷二十，第653页。

《答人问良知二首》与《咏良知四首示诸生》如同姊妹诗。在这两首诗中，王阳明再次重申了人人具有良知这一观点，他进一步指出，良知就是人知道痛痒的那个“知”，这是人天生就有的自知，这种自知只能自己体悟，不可求教他人。

王阳明认为，良知不仅是乾坤万事万物存在的根源，能生化天地，成鬼成神，也是成为圣人的根基所在。很显然，王阳明对良知的内涵进行了扩充，除了包括孟子所说的“是非之心”外，良知还等同于“天理”“性”“道”“造化的精灵”等。如果没有抓住核心宗旨，良知这种包罗万象的内涵可能让人更加迷惑：究竟什么是良知？为了方便回答这一问题，在此不妨借用度阴山先生的一段话：

分清善恶是良知作为品德方面的能力，而分清是非就是良知作为智慧方面的能力。什么事该做，什么事不该做，这就是智慧。所以，提到良知时，不要认为它仅仅就是良心，它应该是品德和智慧齐飞的良知。[①]

度阴山先生抛开抽象的定义，从现实应用的角度对良知进行了描述，认为良知是判断是非的能力，是道德与智慧的结合。他对良知所作的解释通俗易懂，而且回归了孟子有关“良知”“良能”的本义。不过，根据孟子和王阳明的观点，良知是人天生就有的，为了更准确地表述良知，我们不妨在此也给良知下一个定义：良知是人类“天生”具有的道德感和判

① 度阴山：《知行合一王阳明（1472—1529）》，北京联合出版公司，2014年版，第290页。

断力，是道德与智慧的完美结合。

这里“天生”之所以加上引号，是因为这个“天生”并非先天完全具备，而是先天因素和后天因素共同作用的结果，这就牵涉到良知的先验性问题。

3. 良知的先验性

先验论是哲学中的一个流派，一般被归为唯心主义范畴，和唯物主义的反映论相对。简单来说，先验论就是认为人的知识、才能是先于客观存在、社会实践和感觉经验的，是先天就有的。根据前文的介绍可以看出，无论是孟子、二程、朱熹还是陆九渊、王阳明，都对良知持先验论的观点，即良知是人的先天经验，是先天就有的。

良知先验论是儒家性善论的基本预设，否则性善论就无法成立。不过今天来看这个问题多少让人有点费解。孟子以小孩天生就知道爱自己父母为例，证明良知是“不虑而知”，属于先天的。对良知发生的过程和原因，孟子并没有作进一步的明确交代，而是把它作为人的必要条件来预设的。从逻辑上看，孟子的这个论断其实还是有些牵强，因为按照这个理论，生活中有一些现象似乎解释不通，例如印度“狼孩”的出现。

1920 年，在印度加尔各答东北的一个名叫米德纳波尔的小城，人们常常在晚上见到有一种“神秘的生物”出没于附近森林——两个用四肢走路的“像人的怪物”尾随在三只大狼后面。后来人们打死了大狼，在狼窝里发现这两个“怪物”。原来是两个裸体的女孩，大的七八岁，小的约两岁。这两个小女孩被送到米德纳波尔的孤儿院抚养，工作人员给她们取了名字，大的叫卡玛拉，小的叫阿玛拉。据说两人被救助后，还保持着狼的一些生活习性，如喜欢晚上活动、吃生肉、用四肢走路、怕光等，她们不会讲话，也不愿意与人交流。一年后，阿玛拉死了，而卡玛拉活到了1929年。卡玛拉年龄虽然是十六七岁，但智力水平大约相当于五岁的儿童，工作人员花了四年时间才教会她直立行走，九年时间她只学会了四五十个单词。

如果狼孩在出生时没有先天缺陷，那么这一事例说明：人类的良知和良能不是完全天赋的，后天的教养和学习有着很大的作用。以孝敬父母为例，假如两个狼孩找到亲生父母，估计也不会有什么孝心，即使有，也不见得比她们对母狼的感情深。同样道理，一个孩子如果从小被人领养，那么他对亲生父母的情感可能远不及对养父养母的深。由此可见，后天的教养其实发挥了重要的作用。

根据以上分析，我们可以得出以下结论：

第一，良知并不是先天就完全具备的，先天只是提供了可能性；

第二，良知的产生需要先天因素和后天因素，是二者共同作用的结果。

这里的先天因素指人性中特有的道德潜意识，后天因素则是人类社会的后天教养。

道德潜意识作为良知的先天因素，可能是人与动物的本质区别(注意：这里只能说是可能，因为目前没有办法证明动物到底有没有道德)。这个观点，其实二程早有论述，他们认为“良能”是动物和人都具备的，而“良知”则是人所独有的。有人可能会提出自然界乌鸦反哺的例子，以此说明乌鸦也是有孝心的，这实在是一个很难回答的问题。一般来说，乌鸦的这种行为仅限于其母亲，并不能作为一种道德意识进行升华，无法达到“老吾老以及人之老”的更高道德境界，所以科学家认为这属于一种动物本能，不能与人的道德意识相比。因此，就目前科学研究现状而言，我们的结论是：只有人类才具有道德追求的潜在意识。而恰恰是这种“潜在意识”，构成了人类良知产生的先天因素。

先天因素只是提供了可能性，要把这种可能性转化为现实，还必须有后天因素的参与。后天因素就是指个体在后天社会生活中接受的教养。当个体生活在某个群体中的时候，就会潜移默化地受到该群体价值观的影响。例如，一个孩子在成长过程中会受到家庭、学校和社会的影响，即使没有人明确告诉他什么是对的，什么是错的，他也能通过自己的观察和学习，明白对与错的分别，并产生好恶情感。正是通过后天这种耳濡目染的教养和学习，个人的是非观念逐渐确立，情感也日益丰富，最终形成自己的人格。从这个角度而言，马克思关于人的本质论述抓住了问题核心，他指出："人的本质不是单个人所固有的抽象物，在其现实性上，它是一切社会关系的总和。"[①]

如上所述，先天因素为良知提供了可能性，后天因素把这种可能性转化为现实，因此良知是先天因素与后天因素共同作用的结果。这如同一粒种子，内在的生命力属于先天因素，水分、阳光和土壤则是后天因素，只有二者共同发挥作用，种子才能生根发芽，并最终长成一棵大树。"实际上，'良知'是人通过学习、接受和适应外在于个人的社会道德规范、行为准则，并使之'内在化'转化为主体自身的内在因素、本质力量的结果。或者说，人的'良知'是在个体的社会化过程中，在与家庭、社会的交互作用中，通过接受、内化社会伦理规范而形成的，即使是人的自发的道德行为也不例外。在某些情况下，为莫名其妙的不安感、突如其来的荣辱感所驱使，人们会迅速调整自己不当的欲望与行为，或作出大胆而果断的举动，事后才清晰意识到这种行为的是非曲直。虽然这种体验不具明显的自觉性，但它仍然与人们以往在道德环境中受到周围舆论的影响并取得行为成败的经验密切相关。可见，'良知'是由外铄于我，非我固有。"[②]

相对于后天因素，良知的先天因素理解起来要困难得多。

① 马克思，恩格斯：《马克思恩格斯文集》第1卷，人民出版社，2009年版，第501页。

② 苗润田：《论儒家"良知"学说的历史价值及现代意义》，《中国哲学史》，1996年C1期，第27页。

这是因为先天因素牵涉到道德的起源问题。

关于道德的起源有很多种说法，概括而言，可分为天赋本能论、神赋论和后天社会起源论。

“天赋本能论”认为人的道德（良知）是人本有的东西，是人与生俱来的，持这种观点的代表人物有中国的孟子、王阳明，西方的康德、巴特勒等。孟子认为良知是“不虑而知”，接近于先天本能。西方哲学家巴特勒认为良心是区分行为善恶的标准，他说：“人之为道德的行为者，人之为对于自己的律法，乃由于此致凭本性赋有的机能。”“德性即寓于对于良心的遵从，而罪恶则寓于对于良心的乖离。”[①]

“神赋论”认为人类的良知和道德都是某个神赐予的，是神的旨意，因此这种观点多出现在宗教的教义中。

“后天社会起源论”认为良心既不是天赋的本能，也不是神的恩赐，它是人类在后天社会活动和实践中形成的，代表人物有马克思、洛克等。洛克认为，虽然良心是我们内在所有的对自己行为的一种意见或判断，但并不能证明良心就是天赋的原则，良心的存在恰恰证明它不是来源于天赋，而是后天的实践、经验和教育。马克思说：“良心是由人的知识和全部生活方式来决定的。”[②] 这就意味着良知、道德不是人天然就有的，也不是从神那里获得的，而是来自人的后天生活和

① 周辅成：《西方伦理学名著选辑》上，商务印书馆，1964 版，第 825、830 页。

② 马克思，恩格斯：《马克思恩格斯全集》第 6 卷，人民出版社，1961 年版，第 152 页。

经验。

就以上几种道德起源理论而言，“后天社会起源论”得到大多数学者的认可。不过，我们也发现一个有趣的现象：虽然哲学家关于道德起源的说法各有不同，但对道德的内容却有惊人的相似，如在所有道德理论流派中，诚信、互助、友爱、同情、慈善等是其共同的主题。究其原因，人类在长期的劳动实践中总结发现：基于诚信、互助、友爱等建立的道德准则是对整个群体生存和发展最有利的准则，也是整个群体未来幸福生存的前提和保证。美国学者克里斯托弗·博姆在《道德的起源——美德、利他、羞耻的演化》一书中也进行了大胆推测：人类的道德乃是伴随着狩猎大型猎物演化而来，在狩猎社会，生存的本质归结为一点——不合作即死亡。个体为了在群体中生存下来并茁壮成长，必须遵循和使用道德这个复杂的防御机制。

其实，道德的产生也有其生物伦理性。宇宙间所有生命都有向生性的特点，所谓向生性，就是指无论动物还是植物，生命一旦发生，其个体的生命机制就会启动，就会努力使生命存活下去。人类拥有更高的理性和精神追求，不仅着眼于个体的当下生存问题，还思考作为群体如何能够长久且幸福地存活下去。经过无数先哲的不断思考，他们不约而同意识到人类社会不能完全模仿弱肉强食、野蛮杀戮的丛林法则，否则人类与动物世界没有区别。人类只有相互尊重和爱护，才能保持长久的共存和幸福。因此，和平、互助、友善、同情等道德准则逐渐成为人类道德的基本准则。

道德准则虽然是人类在后天漫长社会实践中逐渐形成的，但一经形成，这些准则就具有约定俗成性和相对的稳定性，这种稳定性体现在以下几个方面：

第一，道德准则不会因个人的主观意愿而改变；

第二，道德准则不会因个体的死亡而消失；

第三，部分道德内容可能会因时代、地域的不同而有所不同，但核心的准则（如互助、友爱、同情等）则具有通用性和永恒性，可以跨越时空。

从这个角度来看，道德准则是先于个体的存在而存在的。相对于个体而言，道德准则确实具有“先验性”，这种“先验性”体现在以下几个方面：

第一，个体具有的道德潜意识是先天的，这个潜意识为道德的产生提供了可能；

第二，个体后天接受的道德准则也是先于个体而存在的，不会因个人的意志而改变。

如同一枚鸡蛋孵化成小鸡，一定是先天因素和后天因素共同作用的结果，良知的产生也具有先天和后天两个因素。具体而言，先天具有的道德潜意识为良知的产生提供了可能，后天的社会生活实践则使这种可能性转化为现实。正如陈来先生所言：“良知之先验性并不意味着人生落地立即可以现实地获得它的全体，它有一个从潜在而发展、最终全部实现的过程，正如人的某些生理本能也是由潜在逐步实现一样。”①

4. “致良知”的逻辑与理论价值

良知的先验性为性善论提供了基础，一个人如果能把人性中这种潜在的道德意识转化为现实，并发扬光大，就能达到超凡入圣的境界。王阳明提出“心即理”，正是看到了良知的这种“先验性”。

不过，“由凡入圣”的过程注定是艰难的，因为人性中还有好逸恶劳、趋利避害的一面，这是人性固有的弱点，也是“致良知”最大的障碍。王阳明曾把良知比作太阳，把私欲比作云彩，对圣人、贤人、愚人进行了比较，他说：

圣人之知如青天之日，贤人如浮云天日，愚人如阴霾天日，虽有昏明不同，其能辨黑白则一。虽昏黑夜里，亦影影见得黑白，就是日之余光未尽处；困学工夫，亦只从这点明处精察去耳！②

用天气来比喻圣人与其他人的区别很形象，圣人良知如朗日当空、万里无云，贤人是偶有浮云飘过，愚人则是乌云密布，一片浑浊。三种人的良知光明程度虽然不同，但良知本体始终一样，愚人和贤人如果能拨云见日，也能达到圣人的境

① 陈来：《有无之境——王阳明哲学的精神》，北京大学出版社，2013年版，第154页。

② 王守仁：《传习录下》，《王阳明全集》卷三，第97页。

界。这段话其实也蕴含了“致良知”的内在逻辑：良知人人具有，但由于私欲遮蔽，导致每个人良知光明程度有所不同，如果能去除私欲，良知自然就会显现，人就能成为圣人。“致良知”就是要克制私欲，使人性中善的一面成为主宰。根据这个比喻，我们可以用一张示意图来说明“致良知”的逻辑。

由上图可以看出，不同的人在“致良知”过程中需要付出的努力不同。圣人是轻松自然而“致知”，贤人是稍微用力就能“致知”，愚人则要付出更大的力气才能“致知”。

王阳明把孟子的“人之所以不学而知者，其良知也”和《大学》中的“致知在格物”进行了嫁接，把“致知”中的“知”用“良知”替代，从而使“致知”的意义更加具体明确，解决了“知行合一”提法的晦涩，也避免了静坐教法的偏颇。“致良知”的提法具有理论创新性，其理论价值体现在以下三个方面：

第一，“致良知”是“知行合一”的改良和升级版。王阳明曾言：

“致知”云者，非若后儒所谓充广其知识之谓也，致吾心之良知焉耳。[①]

孟子云“是非之心，知也”，“是非之心，人皆有之”，即所谓良知也。孰无是良知乎？但不能致之耳。《易》谓“知至，至之”，知至者，知也；至之者，致知也。此知行之所以一也。近世格物致知之说，只一知字尚未有下落，若致字工夫，全不曾道著矣。此知行之所以二也。[②]

王阳明认为“致良知”可以把“知”明确化，并把“行”落到实处，能有效救治人们“知”而不“行”的弊端，可以从根源上纠正近世儒者知行分离的问题，实现知与行的真正合一。

第二，“致良知”是对“心即理”思想的落地与实践。王阳明曾道：

若鄙人所谓致知格物者，致吾心之良知于事事物物也。吾心之良知，即所谓天理也。致吾心良知之天理于事事物物，则事事物物皆得其理矣。致吾心之良知者，致知也。事事物物皆得其理者，格物也。是合心与理而为一者也。[③]

“心即理”是阳明心学的基础性命题，“格物即正心”是王阳明在此基础上阐发的格物命题，“致良知”包含这两个命题，

---

① 王守仁:《大学问》,《王阳明全集》卷二十六，第 802 页。
② 王守仁:《与陆元静》,《王阳明全集》卷五，第 161 页。
③ 王守仁:《答顾东桥书》,《王阳明全集》卷二，第 39 页。

是他对“心即理”思想的进一步深化和实践。

第三，“致良知”从良知层面建立了新的圣人观。

圣人之所以为圣，只是其心纯乎天理，而无人欲之杂。犹精金之所以为精，但以其成色足而无铜铅之杂也。人到纯乎天理方是圣，金到足色方是精。①

圣人与常人最大的区别在于心，圣人就是那些良知光明的人。王阳明在贵州龙场的这个发现，促使他对圣人的本质有了新的认识，也奠定了心学的基础。

“致良知”把圣学的功夫和本体合二为一，直指人心，浓缩了王阳明全部思想的精华，是王阳明对孟子“良知良能”说的继承和发展，也是他对儒家心性学说的阐发和深化。

“致良知”的提出，标志着儒家思想进入了一个崭新的历史阶段，在中国哲学史上具有重要的开创意义。

5.“致良知”的功夫与注意事项

“致良知”的逻辑很简单，人们在现实生活中却往往做不到，为什么呢？王阳明认为这是“诚意”的问题。

正德十五年（1520）六月，陈九川到江西求学，师徒二人对话如下：

（陈九川）问：“近来功夫虽若稍知头脑，然难寻个稳当快乐处。”

① 王守仁：《传习录上》，《王阳明全集》卷一，第24页。

先生曰："尔却去心上寻个天理，此正所谓理障。此间有个诀窍。"

曰："请问如何？"

曰："只是致知。"

曰："如何致？"

曰："尔那一点良知，是尔自家底准则。尔意念着处，他是便知是，非便知非，更瞒他一些不得。尔只不要欺他，实实落落依着他做去，善便存，恶便去。他这里何等稳当快乐。此便是格物的真诀，致知的实功。若不靠着这些真机，如何去格物？我亦近年体贴出来如此分明，初犹疑只依他恐有不足，精细看无些小欠阙。"①

王阳明在这里说的"格物的真诀"，其实就是指《大学》里的"诚意"。什么是"诚意"？《大学》解释如下。

所谓诚其意者：毋自欺也，如恶恶臭，如好好色，此之谓自谦，故君子必慎其独也！②

"诚意"就是忠于本心，不自欺欺人。王阳明认为，人如果能真正听从良知本意，就是"诚意"，就是真正的"致良知"。

梁启超曾为"致良知"作了一个通俗易懂的解释，他说："拿现在的话，只是绝对地服从良心命令便是。"③不得不承认，

---

① 王守仁:《传习录下》,《王阳明全集》卷三，第81页。
② 朱熹:《四书章句集注》，中华书局，1983年版，第7页。
③ 梁启超等著，吴青山整理:《王阳明传》，新世界出版社，2018年版，第247页。

这是一个简洁而又给力的定义。梁启超对“致良知”的解释其实也可以说是对《大学》“诚意”的注解。这段话中有两个关键词，一个是“绝对服从”，一个是“良心命令”。“绝对服从”强调了良知的绝对主宰地位，“良心命令”则体现了良知的生发本源。

既然“良心”一词更加通俗易懂，那么“致良心”不是比“致良知”更好吗？答案是：否。梁启超认为有不妥之处，原因是“心”包括“知”和“意”两个层面，“意”有善有恶，“知”则是无善无恶的，因此，“良知”不能用“良心”指代。当然，从语用习惯的角度看，“良心”一词让人更多联想到的是道德层面，而“良知”则是道德与智慧的完美结合，所以用“良心”代替“良知”也确有不妥之处。

在现实生活中，人们“致良知”之所以困难，是因为无法做到“绝对服从良心命令”。例如，心理学上有一种行为被称为拖延症，患者症状表现为任何事情都喜欢拖延，不到最后时刻不采取行动。

如果用“致良知”来分析拖延症，就会发现这是典型的“违背良知现象”。例如不少大学生经常为期末熬夜赶作业而烦恼，很多同学事后回想，自己心中其实很多次都有完成作业或复习功课的念头（良知），但很快就有另一个念头（私欲）跳出来反驳：还早得很，急什么，今天先玩一下，改天再说；或者人生苦短，何必太为难自己……就这样，强大的私欲成为胜利者，良知的声音彻底被淹没，该做的事情一拖再拖，拖延症就此形成，并越来越严重。在此过程中，良知其实并没有泯灭。比如，有的人在玩的过程中内心突然会感到一丝不安，质疑自己的行为是否合适，这其实都是良知发出的信号。但在现实生活中，人们往往选择了私欲，对良知的呼声置若罔闻，这就是所谓的没有做到“诚意”，是一种典型的自欺欺人行为。

因此，“诚意”是“致良知”的关键。一个人如何才能做到“诚意”呢？以下几点需要注意。

第一，坚定的意志力是根本（种子）。“志不立，天下无可成之事，虽百工技艺，未有不本于志者。”[①] 坚定的意志力可以提供源源不断的力量，是“致良知”的根本保证。王阳明的弟子周道通有一次来信，说有朋友相互鼓励时，自己感觉意气风发，志向坚定，但如果离群索居，三五天不能与朋友共勉，就发觉自己的“志”软弱无力，遇事退缩，甚至忘记，对此他很苦恼。王阳明回信说：做学问的关键就是立志，你所说的疲劳、遗忘等问题，也仅是因为“志”不够真切。王阳明还特意举了个例子给周道通：你看那些好色之人，就没有疲劳、遗忘的毛病，这无非就是因为“志”真切的缘故。

第二，敏锐的觉察力是关键（发芽）。如果把心比作一个房间，念头比作进入房间的人，良知则相当于坐在门口的一个资深保安。房间里每时每刻都有人进进出出，这些人中既有好人，也有坏人，如果保安时刻保持清醒状态，自然可以

① 王守仁：《教条示龙场诸生》，《王阳明全集》卷二十六，第804页。

分辨清楚哪个是好人，哪个是坏人，并及时发出预警，可是保安一旦睡着了，或者被坏人绑架了，那就没有办法再正常工作了。因此，“致良知”的关键就是要让良知保持觉醒，不能昏聩，不能走神。如同猫要抓老鼠，首先要能发现老鼠才行。同样道理，要想去除私欲，能及时觉知私欲是关键。

有一天，王阳明和几个学生在谈论为学功夫，大家你一言我一语，好不热闹。一个学生坐在自己位置上感叹：“我有时内心萌生了私意，自己分明知道，只是不能把它马上剔除。”王阳明回答道：“你觉察到私意萌生的时候，那个觉知就是为学的命根，当时立即把私意剔除，这就是立命的功夫。”

人人都有觉察力，但并非人人都能觉察到自己的私欲。举个例子，有的人特别喜欢生气，一点儿小事不顺心就会生气好几天，几天以后醒悟过来，觉得自己为此生气不值得，是一种愚蠢的行为，所以暗下决心以后绝对不再犯傻。可是没过几天，又遇到了一件不开心的事情，一股怒气立即涌上心头，整个人马上又被情绪控制，又是连续几天陷入愤怒之中，等到气消了，才发现自己又犯了老毛病，于是再次后悔不已，又发誓改变自己。可是大多数情况下，类似的事情还会再次上演，人生就此陷入无法自拔的循环怪圈。为什么人在生气的时候不能及时醒悟呢？原因就是愤怒使人失去了自我觉察力。由此可见，“致良知”的关键就是要保持敏锐的觉察力。王阳明曾感叹道：“人若知这良知诀窍，随他多少邪思枉念，这里一觉，都自消融。真个是灵丹一粒，点铁成金。”[①]

第三，持之以恒是保证（成长）。古人说“江山易改，本性难移”，意思是世间最艰难的事情莫过于改变人的习性。王阳明也有“破山中贼易，破心中贼难”的著名论断，说明战胜私欲是人世间非常艰难的事情。“致良知”不是一朝一夕就能成功的，必须矢志不渝，持之以恒。王阳明曾对学生说：

诸君只要常常怀个“遁世无闷，不见是而无闷”之心，依此良知，忍耐做去，不管人非笑，不管人毁谤，不管人荣辱，任他功夫有进有退，我只是这致良知的主宰不息，久久自然有得力处，一切外事亦自能不动。”

人若著实用功，随人毁谤，随人欺慢，处处得益，处处是进德之资。若不用功，只是魔也，终被累倒。[②]

所谓“致良知的主宰不息”，就是要人坚持不懈，持之以恒，无论身处顺境还是逆境，都不能有所懈怠，功夫经过长期的锻炼，达到自然而然的境界，最终实现时时刻刻“致良知”的目的。

“致良知”是一个循序渐进的过程，如果把“致良知”比作种树，那么立志、培养敏锐的觉察力和持之以恒的练习则分别对应播种、发芽、成长等几个重要环节。立志是根本，敏锐的觉察力是关键，持之以恒是保证，只有三者共同作用，“致良知”才能从一粒种子逐渐长成一棵参天大树。

① 王守仁:《传习录下》,《王阳明全集》卷三，第 82 页。
② 王守仁:《传习录下》,《王阳明全集》卷三，第 88 页。

第五章　王门“四句教”
——功夫与本体不可偏颇

无善无恶心之体

有善有恶意之动

知善知恶是良知

为善去恶是格物

以上四句话被称为王门“四句教”，是王阳明晚年从心、意、知、物四个层次对“致良知”的概述，是他对自己学说的又一次宗旨性总结。“四句教”简单而凝练，类似于禅宗的“判教”，对门人学习和传播“致良知”学说具有重要意义。不过，“四句教”也引发了阳明心学两种不同学修方式的争论，甚至与阳明心学的最终衰败也有一定关系。

“四句教”究竟是什么含义？为什么会有这么大的影响？为了便于理解，我们先从禅宗的“顿悟”与“渐修”说起。

1. 禅宗的“顿教”和“渐教”

身是菩提树，心如明镜台。
时时勤拂拭，莫使惹尘埃。

——神秀

菩提本无树，明镜亦非台。
本来无一物，何处惹尘埃？

——慧能

这是禅宗很有名的两首偈子，很多人都听说过，它们之所以出名，是因为它们与禅宗中的南宗（顿教）和北宗（渐教）分化有很大的关系。

禅宗是中国佛教宗派之一，这一宗派的特点是“直指人心，见性成佛”。“性”在禅宗里有特殊的含义，是指生起心的相本，是心的本原，在禅宗典籍里，或曰“本来面目”，或曰“本性”“佛性”，或曰“自性”等。据说禅宗创始人为菩提达摩，也被称为初祖或一祖。达摩之后，禅宗的衣钵传承分别是二祖慧可禅师、三祖僧璨禅师、四祖道信禅师、五祖弘忍禅师。自达摩起，禅宗就主张直指人心，认为只要“见性”，就可以立地“成佛”，这种便捷的修法被称为“顿悟”。“顿悟”强调以参究的方法彻见心性的本原，不拘烦琐的日常功课修行，所以禅宗又被称为佛心宗。自达摩至五祖弘忍，一直是这种法脉传承。五祖弘忍禅师以后，禅宗分为南、北两宗。南宗以慧能为祖师，延续了“顿悟”的宗旨，也被称为顿教；北宗以神秀为祖师，开辟了“渐修”的法门，被称为渐教。慧能和神秀时称“南能北秀”。

那么，南宗和北宗的最大区别是什么？“顿悟”与“渐修”又有什么含义？这个问题要从慧能和神秀在东禅寺求法说起。

慧能俗姓卢，唐代人，祖籍范阳，他的父亲早年为官，被贬到广东新州（现广东省新兴县），不幸早逝。父亲死后，慧能与母亲相依为命，以卖柴为生，日子过得很艰苦。慧能没有读过书，不识字，但内心淳朴，悟性极高。有一天，他外出送柴，听到一个客人诵读经文，马上就领悟了意思，就向客人打听念的是什么经，客人说是《金刚经》，并告诉他是从黄梅县弘忍禅师那里学来的。慧能很想前去求法，无奈家贫，母亲无人赡养，无法成行。后在好心人的资助下，他安置好母亲，只身来到黄梅县求法。那一年，慧能大约二十四岁。

东禅寺坐落在湖北黄梅县，当时弘忍禅师在此开坛讲法，规模很大，有僧众一千多人，其中翘楚者当属大弟子神秀。弘忍禅师初次与慧能见面，故意试探他说：“你是岭南人，又是獦獠（指未开化的人），如何能做佛呢？”惠能回答：“人虽有南北的分别，难道佛性有南北的分别吗？獦獠身与和尚身尽管不同，但是本身具有的佛性又有什么差别呢？”五祖一听，就知道这个年轻人的资质极佳，将来必能有所成就。

这里要交代一下神秀禅师的情况。神秀是一个对佛法很虔诚的人，他在来到黄梅寺之前，已经精研佛法多年，并颇有造诣和名望，但因为自己感觉没有彻底领悟佛法的要义，所以他在五十岁时又拜在弘忍禅师门下。神秀当时比慧能年长约三十岁[①]，比弘忍禅师小五岁左右，他谦虚求教，曾从事打柴、汲水等杂役六年，深受五祖器重，被任命为教授师。所谓教授师，就是弘忍禅师的助教（王阳明让钱德洪、王畿干的工作类似于此），新弟子一般先由教授师上课，有了一定水平之后，才能向禅师求教。

弘忍禅师考虑自己年事已高，打算寻找衣钵传人，为了不引起争论，他宣布各个弟子都可以尽自己所学写一首偈，以此来衡量觉悟程度，谁修行最高，就传衣钵给谁。很多弟子听说后，虽然蠢蠢欲动，但自知水平有限，没有人敢写。最终只有两个人呈上了偈，这二人就是神秀和惠能。

神秀呈偈的时候比较纠结：自己如果上交偈子，貌似是为求衣钵，这不是他的初衷，有点难为情。而且万一五祖说自己水平不行，也觉得不好意思。但如果不呈偈请五祖印证，终究不知道自己是否见性，也不是很甘心。简单来说，神秀希望得到佛法，但又有所顾忌，因此他写好后毁掉，毁掉后又写。就这样纠结了四天，前后反反复复十三次，始终没有敢提交上去。最后终于想了一个万全之策：干脆半夜写在寺院墙上，如果五祖觉得好，就承认是自己作的，如果五祖觉得不好，自己也就死了这条心，也免得尴尬。于是，神秀夜里偷偷写下了开头的那首偈子。

① 参见黄华明，邹佩贞：《六祖慧能生平新考》，《韶关学院学报》（社会科学版），2015年第9期，第6-13页。

第二天，寺内的僧众看到偈子，议论纷纷。弘忍禅师也过去瞧了，知道是神秀所作，只是还是没有见性，但他没有当众点破，只对僧众说："尽颂此偈，即得见性。"等到晚上，弘忍禅师把神秀单独叫过来，说他这首偈子还没有见性，要他这两天再作一首呈上来。这下可把神秀难住了，因为他虽然用功修行，无奈资质所限，见解只能达到这个高度，怎么可能有所突破呢？

慧能在后院听到有僧人诵读神秀的偈子，知道偈子主人还没有见性，就央求别人带他去前院看看。慧能想模仿神秀偈子也作一首，可是苦于不会写字，就请别人代他写在墙上，就是前文的第二首偈子。神秀偈子的意思是说，人心就像一面明镜，不小心会沾染一些灰尘，因此人要经常去观照内心，及时清理杂染，通过不断修行来明心见性。而慧能的意思是万物皆空，连心都是空的，怎么可能有杂染呢？两首偈子对比鲜明，在场僧人议论纷纷。弘忍禅师刚好路过，一看偈子就知道慧能已经见性，但为了保护慧能，弘忍禅师故意说慧能的偈子也没有见性，并用鞋子把偈子擦掉，让僧人都赶快散去。等到晚上，弘忍禅师把慧能单独叫过去为他说法，将衣钵和袈裟信物传给了慧能，并让他连夜逃往南方。

三年以后，五祖圆寂。神秀处理完五祖后事，就在湖北当阳市玉泉寺弘扬佛法，他广开法门，声望和信徒日增，尤其在士大夫阶层中影响很大。武则天闻其盛名，专门遣使者迎至洛阳，后召至长安内道场，并册封为国师。神秀在京城深受敬重，对佛法传播发挥了重要作用。神秀的教法中强调日常修行，以“坐禅观定法”为依归，主张每日定时做静坐、念佛等功课，通过日复一日的刻苦训练，增强人的自律能力，最终达到内心一尘不染。这种修法是渐进式的菩提修法，被人们称为“渐教”。

慧能到岭南后，因时机不成熟，就在山中躲藏了起来，几年之后，慢慢出来弘扬佛法。他的教法强调“即心即佛”，主张从“自性”入手，认为成佛不是必须通过禅定、念佛等法门，只要能“见性”，当下就能顿悟成佛。这种修法继承了禅宗的一贯风格，被人们称为“顿教”。

说到“顿教”和“渐教”，很多人认为慧能的方法似乎比神秀更高明，这种想法其实是错误的。从本质上来看，方法其实并无优劣之分，不同方法适合不同的人，适合的才是最好的。

打个比方，到达一座山顶有两种路径，一种是沿着山路慢慢走上去，一种是坐直升机飞上去，两种方式最终都能到达山顶，只是采用的工具不同而已。很多人觉得坐直升机快并且省力，当然是更好的方法。不错，坐飞机快，也很省力气，但前提是要有飞机并且能驾驶才行。按照传统说法，人的资质分为上、中、下三种。上等资质的人领悟能力强，类似于可以坐直升机；中等资质以下的人就没有这么好的先天条件，只能另想其他方法了。没有直升机，却非要执着于坐飞机，就会导致思维僵化，那么可能一辈子也无法到达山顶。

所以，方法本身没有优劣，关键要看是否适合自己。

当然，“顿悟”和“渐修”也只是一种笼统的划分，在现实生活中，具体到个体的时候很难进行彻底割裂，个体应该根据自身情况进行灵活选择。就如同一个人吃饭，其目的是为了生存，不管是馒头还是米饭，吃饱肚子是首先要考虑的，完全没有必要先给自己设限：我应该吃米饭，所以死也不吃馒头。

神秀和慧能虽然见解不同，但并没有成为敌人，他们作为一代宗师，胸怀宽广，毫无芥蒂。武则天请神秀当国师时，他说：“我没有这个资格，传承师父衣钵的是师弟慧能禅师，他得无师之智，深悟上乘佛理，我不如他。而且他得到五祖亲传衣法，不是没有缘由的。我只恨山高路远，不能去亲近他，向他学习，在此虚受国家恩典。”神秀禅师多次向武则天推荐慧能，武则天也几次召慧能入京，但都被慧能委婉拒绝。虽然慧能禅师终生没有应召，但也曾亲自给神秀禅师修书一封，表达了真诚的谢意，他在信中说，自己身材矮小、长相丑陋，不宜代表佛门去京城讲法，还是神秀更有威仪，有利于佛法在达官贵人中的传播。两位大师胸襟磊落，虚怀若谷，一生相互敬重，彼此谦让，倒是弟子之间相互攻击、相互讽刺，门派成见根深蒂固，实在是一件憾事。

2."四句教"的提出

禅宗"顿悟"和"渐修"对王阳明的心学有很大的影响，这一点可以从"四句教"看出来。

"四句教"是王阳明晚年总结出来的心学宗旨，他以"致良知"为统领，结合《大学》中"格物""致知""诚意""正心"四条目，以善恶作为主要指标特征，对心、意、知、物的关系进行了论述。由于王阳明是以"正心"作为"格物"的要领，所以，"四句教"也把"心之体"放在了首位，按照心、意、知、物的顺序进行阐述。示意如下：

《大学》	"四句教"
正心	无善无恶心之体
诚意	有善有恶意之动
致知	知善知恶是良知
格物	为善去恶是格物

关于"四句教"的出处，人们多以王阳明、钱德洪、王畿师徒三人的"天泉证道"(嘉靖六年九月)为源。事实上，在"天泉证道"之前，王阳明对此就有相关的论述。朱得之曾记录了嘉靖五年春王阳明和学生之间的一次对话，其中就有"四句教"的论述：

杨文澄问："意有善恶，诚之将何稽？"

阳明先生曰："无善无恶者，格物也。"

曰："意固有善恶乎？"

曰："意者心之发，本自有善而无恶，惟动于私欲而后有恶也。惟良知自知之，故学问之要，曰致良知。"[①]

在这段对话中，王阳明肯定了心体的无善无恶，但对意的善恶并没有进行彻底的论断，由此可见，"有善有恶意之动"从一开始就不够彻底，这也成为后来争论的根源。果然，随着"四句教"在弟子中的传播，很多人对其理解也发生了分歧，其中以钱德洪和王畿为代表，出现了"功夫派"与"本体派"的争论。

王畿属于悟性比较高的弟子，他认为"四句教"还没有点透问题，原因是如果"心之体"是无善无恶的，那么由"心"发出的"意"自然也应该是无善无恶的。反过来说，如果"意"还有善恶，证明作为源头的"心"也还有善恶，还不是真正的"无善无恶"本体。应该说，王畿的见解直达本体，类似慧能。相比之下，钱德洪尚未达到这种境界，他坚持"四句教"没有错，认为王畿的看法有违师教。两个人争持不下，约定找机会请老师当面裁定。

机会出现在嘉靖六年九月初八晚上，王阳明第二天就要出征广西，按照当时的习俗，他要在自己府内大摆筵席，告别亲朋好友。宴会持续到夜半时分，客人陆续散去，应酬了一天，王阳明也比较疲惫，准备洗漱睡觉，却听说钱德洪和王畿来请他答疑。看到两个弟子如此好学，王阳明兴致也很高，就命人在府内的天泉桥上再摆一桌酒席，准备和两个弟

① 黄宗羲：《明儒学案》卷二十五，中华书局，2008年版，第586页。

子促膝长谈。钱德洪记载如下：

是日夜分，客始散，先生将入内，闻洪与畿候立庭下，先生复出，使移席天泉桥上。德洪举与畿论辩请问。先生喜曰："正要二君有此一问！我今将行，朋友中更无有论证及此者，二君之见正好相取，不可相病。汝中须用德洪功夫，德洪须透汝中本体。二君相取为益，吾学更无遗念矣。"德洪请问。先生曰："有只是你自有，良知本体原来无有，本体只是太虚。太虚之中，日月星辰，风雨露雷，阴霾饐气，何物不有？而又何一物得为太虚之障？人心本体亦复如是。太虚无形，一过而化，亦何费纤毫气力？德洪功夫须要如此，便是合得本体功夫。"畿请问。先生曰："汝中见得此意，只好默默自修，不可执以接人。上根之人，世亦难遇。一悟本体，即见功夫，物我内外，一齐尽透，此颜子、明道不敢承当，岂可轻易望人？二君已后与学者言，务要依我四句宗旨：无善无恶是心之体，有善有恶是意之动，知善知恶是良知，为善去恶是格物。以此自修，直跻圣位；以此接人，更无差失。"畿曰："本体透后，于此四句宗旨何如？"先生曰："此是彻上彻下语，自初学以至圣人，只此功夫。初学用此，循循有入，虽至圣人，穷究无尽。尧、舜精一功夫，亦只如此。"先生又重嘱咐曰："二君以后再不可更此四句宗旨。此四句中人上下无不接着。我年来立教，亦更几番，今始立此四句。人心自有知识以来，已为习俗所染，今不教他在良知上实用为善去恶功夫，只去悬空想个本体，一切事为，俱不著实。此病痛不是小小，不可不早说破。”是日洪、畿俱有省。[①]

师徒三人的这次谈话被称为“天泉证道”，成为哲学史上的一个重要事件。由谈话内容可以看出，钱德洪和王畿的见解与禅宗的南北派别有些类似。具体而言，王畿与慧能相似，他的方法相当于“顿教”；钱德洪与神秀相似，他的方法类似于禅宗的“渐教”。

王阳明对两个弟子的观点不是单纯的肯定或否定，而是采用了一种调和的方法。他的观点概括如下：

第一，“致良知”有“功夫”和“本体”两种学修路径，钱德洪的见解代表“功夫派”，王畿的见解代表“本体派”。

第二，“功夫派”适合中等及以下资质之人；“本体派”适合上等资质的人。

第三，“功夫派”和“本体派”只是两种不同的学修方法，二者并非矛盾对立。对学习者而言，应该“本体”和“功夫”灵活选用，不要固执己见。

第四，传授弟子应该遵循因材施教的原则，世间上等资质的人非常罕见，对学生不可期望太高。

可以看出，就二位弟子的见解而言，王阳明的内心深处是赞许王畿的。但也指出他的见解只能自修，千万不能以此教人，因为捷径不是人人都能走的，期望太高会有“欲速则不达”的弊端。钱德洪的见解虽然还不透彻，但也没有什么问题，因为只要坚持不懈，总有走到的一天，而且更重要的是，

① 钱德洪：《年谱三》，《王阳明全集》卷三十五，第1074-1075页。

一个人只有踏踏实实走路才不至于摔大跟头。

王阳明一再叮嘱两个弟子，世风日下，人心不古，无论功夫还是本体，都只是方法和手段，在教导学生过程中，一定要因材施教，循序渐进，千万不能搞教条主义，不能偏颇。如果不让人在“为善去恶”上实实在在用功，而是走直悟本体的捷径，可能有脱离实际、落入虚空的危险。

应该说，王阳明的意思是非常明确的：教导学生一定要坚持因材施教的原则，按照“四句教”是最稳妥的。

3. “四句教”与因材施教

《传习录》中有这样一段对话：

问：“‘中人以下，不可以语上。’愚的人，与之语上尚且不进，况不与之语，可乎?”

先生曰：“不是圣人终不与语。圣人的心，忧不得人人都做圣人。只是人的资质不同，施教不可躐等。中人以下的人，便与他说性说命，他也不省得，也须慢慢琢磨他起来。”[1]

“人的资质不同，施教不可躐等。”由这句话可以看出，王阳明特别重视因材施教的教育原则。

因材施教虽然是一句老话，但对教育而言，绝对是一个永恒的真理。所谓的“因材施教”，就是要求老师在教育过程中要按照学生的不同情况，采取适合的教学方法。

① 王守仁:《传习录下》,《王阳明全集》卷三，第90页。

在徐爱作的《传习录序》开篇里，记录了这样一件事：

门人有私录阳明先生之言者。先生闻之，谓之曰："圣贤教人如医用药，皆因病立方，酌其虚实温凉阴阳内外而时时加减之，要在去病，初无定说。若拘执一方，鲜不杀人矣。今某与诸君不过各就偏蔽箴切砥砺，但能改化，即吾言已为赘疣。若遂守为成训，他日误己误人，某之罪过可复追赎乎？"①

学生敬仰老师，记录老师的话语，这有点类似孔子当年的待遇。不过，王阳明对此似乎不领情，反而对学生进行了严厉的批评，原因是他认为这种方式有违圣人"因材施教"的宗旨。

在王阳明看来，中医与儒家是相通的，圣人的教育之道与中医治病有异曲同工之妙，都强调"中道"。中医认为人体是一个有机平衡系统，一个人如果能维持系统平衡，就能达到健康的效果。在《黄帝内经》中有"平人者不病"的说法，华佗在《论阴阳大要》中也说："阴阳平，则天地和而人气宁；阴阳逆，则天地否而人气厥。"因此，中医治病遵循的原则就是"调中"，具体疗法要根据病人的情况进行选择。所以中医讲究"辨证论治"，强调因人而异，因病立方。一个医生如果不会"辨证论治"，只会"拘执一方"，就属于庸医，可能会误人误己。

徐爱把这段话放在《传习录》文首是大有深意的，他是想提醒人们：学习阳明心学，千万不能拘泥于语言文字表面，

① 徐爱：《传习录序》，《王阳明全集》卷四十一，第1299—1300页。

重点是要领会文字背后的精髓。其中的道理有点儿类似古人说的“得意忘言”。

“得意忘言”出自庄子的《外物》，原文如下：

荃者所以在鱼，得鱼而忘荃；蹄者所以在兔，得兔而忘蹄；言者所以在意，得意而忘言。①

“得意忘言”就是要求人们不要拘泥于语言形式，而要把领会背后的含义作为重点。

众所周知，所有的言语交际都有其特定的语境，离开了特定语境就可能会造成信息缺失或误解。王阳明正是担心这种情况的产生，所以反对门人记录自己的话语。因此，今天我们学习阳明心学，要考虑到典籍中人物对话的特定语境，更要领会话语背后的信息。光明良知是阳明心学的根本宗旨，因材施教则是王阳明教学的根本原则。明白了这一点，学习阳明心学就能“得意忘形”，不受语言文字的局限。明白了这个道理，就更容易看清问题本质。

就“四句教”里王畿和钱德洪的争论，我们要有理性的判断。“功夫派”和“本体派”作为一种方法或者路径，二者本身其实没有优劣分别，在实际过程中并不排斥。如同求医是为了医好疾病，选择中医疗法还是西医疗法，要根据病情需要来决定，不能过分强调门户观念，以免贻误病情。同样道理，学习阳明心学是走“功夫派”还是“本体派”，也要根据实际情况来选择。用现代流行的一句话来说：适合的，才是

① 陈鼓应译著：《庄子今注今译》，中华书局，1983年版，第772—773页。

最好的！

从师徒三人的对话可以看出，王阳明担心弟子在今后的“传教”中有所偏执，错失了自己的本意。他的担心不无道理。这一问题在王阳明死后真的发生了，王门弟子分出了多个流派。黄宗羲在《明儒学案》中，按人物出身地域分布分类，将王门后学分为浙中、江右、南中、楚中、北方、粤闽、止修、泰州八大体系。其中浙中、泰州、江右三派影响最大，而且风格各异。“三家王门后学不仅人数众多，声势盛大，而且各有特点，风格独异，其领军人物都是王门中著名的心学大师，浙中王门的王龙溪指点‘见在良知’，推说‘四无’境界，颖悟而疏阔，然顺其风格发展可误引至‘虚言而荡’；泰州王门的罗近溪清新俊逸，通透圆熟，而顺其所宗之说‘百姓日用即道’的泰州风格，亦可误引至‘情识而肆’。盖阳明致良知教从根本上说即不能割离其道德实践的劲力。江右王门之邹东廓、欧阳南野、陈明水等皆能紧守师门之说，而聂双江、罗念庵则主言归寂，拆良知为未发已发，已开偏离王学之端。继之有刘两峰‘以虚为宗’，刘师泉至王塘南绕出良知而言‘悟性修命’‘以透性为宗’，渐离良知之教，而走向性体奥体（性宗），王学流变而为非王学。”[①]

弟子各执一词，逐渐背离了王阳明在“天泉证道”中立下的宗旨，使“功夫”和“本体”的有机整体逐渐变得支离破

① 王路平：《王门后学传承谱系及其特点》，《贵州民族大学学报》（哲学社会科学版），2015 年第 6 期，第 22 页。

碎，门人甚至针对“四句教”展开了很多争论。万历二十年（1592），王门弟子在南都召开讲会，就专门以《天泉证道记》为主题，对“四有说”和“四无说”进行了激烈的争论，并衍生出了“八句教”。

所谓“八句教”，就是根据王畿和钱德洪的主张，在“四句教”的基础上进行细分，从而出现了“四无说”和“四有说”。具体如下：

心无善无恶	心有善有恶
意无善无恶	意有善有恶
知无善无恶	知有善有恶
物无善无恶	物有善有恶
（“四无说”）	（“四有说”）

如果王阳明在天有灵的话，不知道对门人的这些争论是欣慰还是担忧。

4.“心之体”是什么

实际上，钱德洪和王畿争论的最大焦点是“心”与“意”的善恶问题。钱德洪信奉王阳明的“无善无恶是心之体，有善有恶是意之动”，认为“心”本身是无善无恶的，“意”则有善恶的分别；王畿对“四句教”持质疑态度，认为“意”还有善恶分别，证明作为源头的“心”没有达到“无善无恶”。由此可见，“心之体”的善恶问题是把握阳明心学的一个难点。

“心之体”究竟是什么样的？这个问题对学习阳明心学至关重要。为了方便理解，我们还是先借用禅宗中达摩为二祖慧可“安心”的典故。

慧可(487—593)，又名僧可，俗姓姬，名光，号神光，洛阳人，被称为禅宗二祖。慧可禅师最有名的典故是“断臂求法”，在佛教典籍《续高僧传》和《景德传灯录》中都有记载。

据说慧可禅师自幼志气不凡，为人旷达，早期广泛涉猎儒道典籍，偶然接触到佛典，深感孔老之教未尽妙理，于是出家为僧，开始研习佛理。他曾在洛阳龙门香山跟随宝静禅师学佛，并遍游各地讲堂，经过多年苦学，仍感觉没有领悟佛法的精要。听说达摩自天竺来，在少室山面壁修道，就虔诚地前去求法。

达摩最初根本不理睬慧可禅师，但慧可并不气馁，朝夕承侍在旁，并不断激励自己：“古人求道，敲骨取髓，刺血济饥，布发掩泥，投崖饲虎。古尚若此，我又何人？”[①]时值腊月，有一天晚上下起鹅毛大雪，慧可依旧站在那里侍奉，一动不动。次日凌晨天快亮时，积雪居然已经没过慧可禅师的膝盖。这时达摩回过头来，看了慧可禅师一眼，问道：“你为何如此？”慧可答道：“我只恳请和尚大发慈悲，打开甘露之门，普度世间一切众生！”达摩冷淡地说：“诸佛所开示的无上妙道，须精进勤苦地修行，行常人所不能行，忍常人所不能忍，方

① 道原著，冯国栋点校：《景德传灯录》卷三，中州古籍出版社，2019年版，第47-48页。

可证得。岂是小德小智、轻慢之心的人所能证得？”

慧可禅师为了表达自己求法的诚心和决心，就用一把锋利的刀子砍断左臂，捧着断臂来到达摩面前，断臂洒出的鲜血染红了雪地。看到这一幕，达摩也不禁动容，知道慧可禅师是一个虔诚求法之人，于是决定收慧可为徒，传法于他。

有一天，慧可问达摩：“师父能否讲解一下诸佛的法印？”

达摩回答道：“诸佛的法印，不是能用常人的语言讲清楚的。”

慧可听后感到有点儿迷茫，理不清头绪，内心很乱，就说：“我的心很乱，请师父帮我安定下来。”

达摩见状，把手一伸，说：“把心拿来，我帮你安。”

慧可心头一凛，沉默了良久，答道：“我找不到心在哪里。”

达摩微笑着说：“我已经把你的心安定好了！”

据说慧可禅师当下豁然大悟。

这就是达摩为慧可“安心”的故事。慧可究竟悟到了什么？经典上没有说，也不可说，这也许正是禅宗的奥妙——只可意会，不可言传。

王阳明对禅宗深有研究，也从中汲取了很多营养。据《传习录》记载，有一次，一个名叫萧惠的弟子问：“私欲很难克去，该怎么办呢？”

王阳明手一伸，说：“把你的私欲拿过来，我替你克。”

萧惠一愣……

呵呵，惊人的一致！

不过，无论是达摩，还是王阳明，都用禅宗的机锋解答了一个问题——“心”的实质是什么？如果说达摩的点化还显得比较晦涩，那么王阳明的论述就很直白了。王阳明在给萧惠一记“棒喝”后，又耐心地为其进行了解答。摘录如下：

汝若为着耳目口鼻四肢，要非礼勿视听言动时，岂是汝之耳目口鼻四肢自能勿视听言动？须由汝心。这视听言动皆是汝心：汝心之视，发窍于目；汝心之听，发窍于耳；汝心之言，发窍于口；汝心之动，发窍于四肢。若无汝心，便无耳目口鼻。所谓汝心，亦不专是那一团血肉。若是那一团血肉，如今已死的人，那一团血肉还在，缘何不能视听言动？所谓汝心，却是那能视听言动的，这个便是性，便是天理。有这个性，才能生这性之生理，便谓之仁。这性之生理，发在目便会视，发在耳便会听，发在口便会言，发在四肢便会动，都只是那天理发生，以其主宰一身，故谓之心。这心之本体，原只是个天理，原无非礼，这个便是汝之真己。这个真己，是躯壳的主宰。若无真己，便无躯壳，真是有之即生，无之即死。汝若真为那个躯壳的己，必须用着这个真己，便须常常保守着这个真己的本体，戒慎不睹，恐惧不闻，惟恐亏损了他一些，才有一毫非礼萌动，便如刀割，如针刺，忍耐不过，必须去了刀，拔了针，这才是有为己之心，方能克己。汝今正是认贼作子，缘何却说有为己之心，不能克己？[1]

王阳明关于“心”的这段论述可谓痛快淋漓！能把中国

① 王守仁：《传习录上》，《王阳明全集》卷一，第 32 页。

传统文化中的“心”讲得如此直白的，王阳明应该是第一人。

不过，“心”在中国传统文化中确实是一个很特别的概念。如果从字面意义上看，汉语中的“心”有丰富的内涵：一层意思是指生理意义上的心，也就是心脏。这个心参与整个身体血液循环的运行，翻译成英语对应的单词为“heart”。另一层意思则是精神层面的“心”，指人的意识活动、情绪等，翻译成英语对应的是“mind”或“think”，带有形而上的色彩。由此可见，汉语“心”的语义范围远远大于英语。

从中医角度看，心也是非常特别的器官。单从文字结构上看，心是五脏（即心、肝、脾、肺、肾）中唯一没有“月”旁的器官。“月”旁在汉语中指代肉体，属于形而下的范畴。“心”没有这个偏旁，说明在古人眼里心不同于其他脏器，不是简单的形而下范畴，而有特殊的地位。《黄帝内经》对心的论述也印证了这一点，如“心者，君主之官也，神明出焉。”[1]“心者，五脏六腑之大主也，精神之所舍也。”[2]明确指出心在五脏六腑中处于主宰地位，与其他脏器不是并列的关系，而且心承担更多的是精神层面上的功能，有形而上的成分在里面。

王阳明讲的“心”明显也是指心的精神层面。他说：“所谓汝心，亦不专是那一团血肉。若是那一团血肉，如今已死的人，那一团血肉还在，缘何不能视听言动？”[3]这首先是否定了

①《黄帝内经·素问》，姚春鹏译注，中华书局，2010年版，第86页。
②《黄帝内经·灵枢》，姚春鹏译注，中华书局，2010年版，第1351页。
③王守仁：《传习录上》，《王阳明全集》卷一，第32页。

物质层面的“心”，指明“心”不是指有形的器官。为了进一步说明“心”的实质，他指出“所谓汝心，却是那能视听言动的，这个便是性，便是天理”，而且说“这个便是汝之真己，这个真己是躯壳的主宰”。[①]

王阳明在此所说的“性”与“真己”都是中国传统文化中的特有概念。这两个概念很难在现代心理学中找到对应的术语，如果硬要找一个的话，最接近的术语大概是“意识”。现代科学对意识的定义是人的头脑对于客观物质世界的反映，也是感觉、思维等各种心理过程的总和。而且现代心理学一般把意识视为一种特殊而复杂的运动，认为意识分为静态和能动两种存在状态。

如果用意识这一术语来表述王阳明所说的，“心之体”大概等同于意识本身及其具有的功能性。这里的“功能性”不是指意识产生的具体念头，而是指意识具有产生念头的功能。举例来说，锅具有炒菜的“功能性”，这种功能性并不是指锅里炒的菜，而是指可以炒菜的潜在功能。无论炒菜还是没有炒菜，锅的“功能性”都没有消失，也不管炒什么菜，锅的“功能性”本身不受影响。同理，意识主体产生的念头虽然有善有恶，但意识主体的“功能性”并不受影响。因此，从这个角度说，“无善无恶是心之体，有善有恶是意之动”确实有其合理性。

不过，读过《传习录》的人会发现，王阳明也有“心之

① 王守仁:《传习录上》,《王阳明全集》卷一，第 32 页。

体”是“至善”的说法。

爱问：“‘知止而后有定’，朱子以为‘事事物物皆有定理’，似与先生之说相戾。”

先生曰：“于事事物物上求至善，却是义外也。至善是心之本体，只是‘明明德’到‘至精至一’处便是。然亦未尝离却事物，本注所谓‘尽夫天理之极，而无一毫人欲之私’者得之。”①

“无善无恶是心之体”，为什么又说“至善是心之本体”？二者岂不是矛盾了吗？实则不然，这其实牵涉到心学的另一个重要命题——善与恶的对立与统一。

5. 由除草引发的“善”与“恶”

“善”与“恶”是中国传统哲学中很重要的一对概念，儒家自古就有对善恶的争论。首先是在人性的善恶问题上，孟子主张人性本善，荀子认为人性是恶，告子提出人性无善无不善，而世硕却说人性有善有不善；到了汉代，董仲舒提出性善情恶，扬雄说人性是善恶混合。与此同时，有关善恶的评价标准也是五花八门，孔子注重“仁”，孟子主张“义”，荀子强调“礼”，韩非子独爱“法”，董仲舒有“三纲”“五常”之说，程朱理学则强调“存天理，去人欲”，虽然众说纷纭，但也都有一定的道理。此外，历史上还有对善恶动机和效果的

① 王守仁:《传习录上》,《王阳明全集》卷一，第2页。

争论，如陈亮重效果，认为汉高祖、唐太宗建立了功业，即使其动机不合义理也没有关系；朱熹则更注重动机，认为唐太宗是杀兄劫父代位，不合封建礼法，是完全出于私欲，所以即使有“除隋之乱”等功业，那也“不过是功，未可谓之德”。[①] 由此可见，“善”与“恶”在中国文化中确实是一对非常复杂的概念。

王阳明也多次给学生讲过善恶的问题，他说“善恶本为一体”，也说“无善无恶是心之体”，“无善无恶”就是“至善”。这些看似相互矛盾的说法背后究竟有什么“心学”逻辑？我们不妨结合“薛侃除草”的故事来看看其中的奥妙。

薛侃，字尚谦，明代潮州府揭阳人，曾经在王阳明身边侍学过很长时间。有一天，薛侃在院子花园中除草，可能是雨水比较好，草长得很快，距离上次除草的时间还不长，薛侃就边除草边发牢骚：“为什么天地之间的善难培养，恶难铲除呢？”

王阳明在旁边听到，就答道：“既未培养，也未铲除。”

薛侃听后一头雾水，站在那里发呆。

看薛侃没有领悟，王阳明就接着说：“你如此看待善恶，只是从形体上着眼，自然有错。”

薛侃听了，陷入了更深的迷茫。

王阳明见状，进一步解释道：“天地化生万物，在造物主

① 相关内容参照孔繁岭，魏梦太：《中国善恶观的演变与前瞻》，《济南大学学报》，2007 年第 3 期，第 63 页。

眼里，花与草何曾有善恶之别？你想赏花，就以花为善，以草为恶。若要利用草时，又以草为善了。由此可见，这些善恶都是由人心的好恶而产生的，因此，我说按照自己好恶看善恶是错误的。”

薛侃稍微回过神来，问：“照您的说法，岂不是无善无恶了？”

王阳明说：“无善无恶是天理静的存在状态，有善有恶是后天‘气’动的表现。人如果能不为‘气’所动，就是无善无恶，可称‘至善’了。”

在此需要解释一下王阳明说的“理”与“气”，这两个概念是程朱理学中最常用的一对概念。朱熹认为宇宙万物都是由“理”和“气”两方面构成的，“气”是构成一切事物的材料，“理”则是事物的本质和规律。“理”所代表的规律既包括自然界的规律，也包括人世间的伦理道德原则，“理”与“气”的关系可以概括如下：

第一，“理”只有一个，所有事物都离不开“理”，“理”与“气”结合产生万物。朱熹把“理”与“气”的这种关系表述为“理一分殊”。

第二，从本源上看，“理”在“气”先；从构成上看，“理”与“气”不分先后。

第三，从动静关系上看，“理”是不动的，“气”则是处于不断的运动之中。

如果用“理”与“气”的关系来解释王阳明与薛侃的这

段对话，其意思大概可以表述为：自然界里的万物本身没有善与恶的分别，这种没有受到人的私意影响的本然状态，就是天理；人想要赏花，不喜欢草，所以认为花是善的，草是恶的，这是后天私欲的表现，这种根据私欲作出的善恶区分，是“气”运行的结果。由此可见，人根据自身的喜好给出的善恶标准是不牢靠的。例如，常人都觉得花好看，草不好看，就认为花是善的、草是恶的，但这并不是绝对真理。如运动草坪上的草对人而言就变成善的，同样道理，长在路中间的花也可能会成为恶的。

经过王阳明这么一分析，薛侃似乎有所明白，他接着问：“佛家也提倡无善无恶，有什么不同?”

王阳明答：“佛家执着于无善无恶上，便一切都不管，不可以治理天下。圣人的无善无恶与之不同，是不动于气，不以个人好恶来区分善恶，保持内心的中正和公平，按照事物的本然状态来对待事物，就是遵循了大道。”

薛侃听了又有点儿迷茫，问道：“照您这么说，草既然不是恶的，那么也就不用铲除了呀?”

王阳明说：“你这样的说法又成了佛老的主张。如果草有所妨碍，干吗不铲除呢?”

薛侃说：“因为这样就又在有意为善和有意为恶了。”

王阳明说：“不着意为善去恶，并非说全无喜好和厌恶，如果全无好恶，就会成为一个麻木不仁的人。所谓‘不着意’，只是说喜好和厌恶全凭天理，没有一点儿个人私欲。如此，就相当于自己没有产生好恶了。”

薛侃问：“除草时如何全凭天理而别无他意呢？”

王阳明说：“草如果有所妨碍，应该拔除就拔除。有时即使没有拔除干净，也不要放在心上，如果放在心上的话，便会成为心体上的累赘，便会为气所动。”

薛侃听了若有所悟，说：“如此说来，善恶全然与物无关了？”

王阳明说：“善恶自在你的心中，遵循天理即为善，为气所动即为恶。”

薛侃若有所悟，说：“物本身终究是没有善恶的。”

王阳明点点头，说：“在心如此，在物亦如此。”

薛侃和王阳明以上有关“除草”的谈话，可以称得上是一堂哲学课，这堂课的核心思想可以归纳为以下几点：

第一，自然界中的万物本身没有善恶区别；

第二，常人的善恶往往来自个人的偏好或者厌恶，是后天私欲的产物；

第三，圣人也有善恶观念，但与常人有所不同，圣人的善恶依据是天理，即遵循事物的本然状态，不增加一丝一毫的私欲，这样就相当于没有个人好恶，保持与天理一致，就是“至善”；

第四，人的内心只有去除私欲的干扰，时刻保持无善无恶的状态，才能觉知到天理所在。

由上述可以看出，王阳明所说的“至善”是人的良知与天理融合为一体的状态，良知是没有私欲干扰情况下的“心之体”发用。所以，人如果遵循了良知，也就是遵循了天理。

我们可以用“四句教”来对照说明薛侃除草这件事。

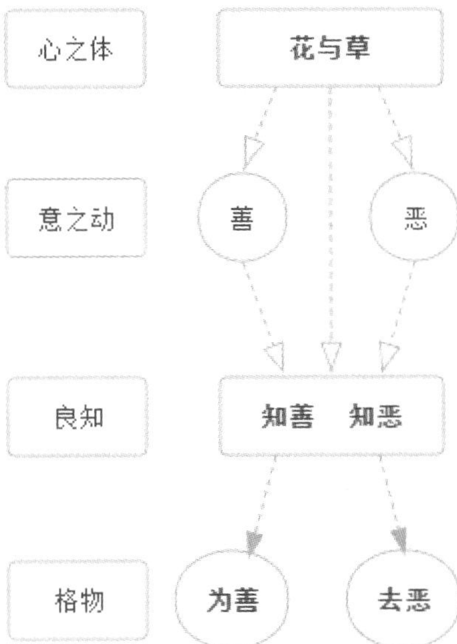

无善无恶心之体：心的本体是大公无私、不偏不倚的，在此状态下，花与草本身没有善与恶的分别。

有善有恶意之动：看到花园里的花和草，人的意念发动，出现了善恶分别。如薛侃认为花是善的，草是恶的。

知善知恶是良知：良知能够分辨出个人产生的每个念头，究竟是遵循了天理（善），还是来自自己的私欲（恶）。

为善去恶是格物：根据良知的判断，善的去做，恶的克去，就是格物。

由以上分析可以看出，阳明心学中的“格物”“致良知”和“知行合一”，三者名称虽然有所不同，本质其实是同一件事。

6.“善恶”与潜意识

“四句教”是王阳明根据《大学》中的“格物”“致知”“诚意”“正心”对“致良知”过程的分解说明，也是王阳明对自己“良知”学说与“格物”学说的贯通融合。“四句教”蕴含的逻辑可以表述如下。

理论基础：人的本心是“无善无恶”的，如同明镜一般，可以照出事物的本来面目，“心”与“理”之间原本是畅通无碍的，这也是“心即理”的本义。

遇到问题：人在后天成长过程中，受外在环境的影响，私欲不断萌生，遮蔽了本心，就如同明镜沾染了污垢，无法清楚地照物，从而失去了对天理的把握。

解决途径：因为良知具有“知善知恶”且不会泯灭的特性，所以人可以借助良知的提示，去除私欲，恢复本心，使“心”与“理”再次恢复融通，并最终达到“至善”的境界。

以上就是阳明心学的内在逻辑，道理看似简单，但在具体实践中却非常困难，原因何在？这是因为人类善恶观念的形成与潜意识有着非常密切的关系。

所谓潜意识，是人类生命历程中已经发生但未被觉察的心理活动。著名心理学家弗洛伊德认为人的心理活动由意识和潜意识构成，潜意识又分为前意识和无意识两个部分。在弗洛伊德看来，无意识、前意识和意识虽是三个不同层次的心理活动，但三者之间又是相互联系的系统结构。他将这种结构作了一个比喻：无意识系统是一个门厅，各种心理冲动像许多个体，相互拥挤在一起；与门厅相连的第二个房间像一个接待室，意识就停留于此；门厅和接待室之间的门口有一个守卫，他检查着各种心理冲动，对于那些不赞同的冲动，他就不允许它们进入接待室；被允许进入了接待室的冲动，就进入了前意识的系统，一旦它们引起意识的注意，就成为意识。基于此理论，弗洛伊德将那种潜伏的但能转化为有意识的潜意识称为前意识，把那种被压抑的且不能用通常的方法使之变成有意识的潜意识称为无意识。

根据弗洛伊德的理论，潜意识一般情况下无法被人觉察到，但这并不意味着在日常生活中潜意识不发挥作用。例如，每个人都有自己喜欢的颜色，当他人衣着颜色刚好是自己潜意识里喜欢的颜色，就会不由自主地对此人产生好感。依次类推，嗅觉、听觉、味觉等感官反馈的感受也是如此。例如，有的人喜欢吃臭豆腐，闻到就流口水，而有人厌恶臭豆腐，闻到就想呕吐。此外，一种感受一旦符合潜意识的偏好，潜意识就会通过大脑反馈愉悦的信息，从而使人渴望得到更多。相反，当某种感受是潜意识不喜欢的时候，它也会给大脑反馈不愉悦的信息，让人产生厌恶的情绪。潜意识正是通过这种隐蔽的情绪反馈来影响人的善恶评判标准，由此产生每个人不同的善恶标准。如上所述，同样一块臭豆腐，对喜欢的人而言就是“善”的，对不喜欢的人而言就是“恶”的。

因此，从某种意义上说，深层次的“致良知”需要摆脱潜意识对个体的“隐蔽”影响，才能真正回归事物本然的状态。如果用“四句教”和潜意识理论来分析臭豆腐的案例，可以得出如下逻辑：

臭豆腐本身是“无善无恶”的；

每个人产生“善”（喜欢）或者“恶”（厌恶）都是个人潜意识参与判断的结果；

良知其实能够知道个人的好恶判断是否受到了偏好的影响；

人如果想对臭豆腐作出真正客观的“善恶”评判，应该先去除潜意识里的个人偏好。

“致良知”主张人要时刻保持内心的“廓然大公”，不受个人私欲的影响。但潜意识本身对人而言具有极强的隐蔽性，在现实生活里，去除潜意识里的个人偏好对常人而言无疑是困难的。由此可知，“致良知”的确不是一件容易的事情。

第六章　功夫最难是火候
——“致良知”的奥妙

“致良知”是为了恢复“无善无恶”的心本体，以这种“本心”应物就能达到“至于至善”的境界。这个道理看似简单，实则复杂，原因是儒家的“止于至善”在现实中是一种很难把握的“变量”。

1.“止于至善”的艰难

《大学》在开篇就提出了“三纲领”，即“大学之道，在明明德，在亲民，在止于至善。”“止于至善”虽然是《大学》的“三纲领”之一，但与“明明德”“亲民”之间并非完全并列的关系。对此，王阳明在《大学问》中阐述道：

故止至善之于明德、亲民也，犹之规矩之于方圆也，尺度之于长短也，权衡之于轻重也。故方圆而不止于规矩，爽其则矣；长短而不止于尺度，乖其剂矣；轻重而不止于权衡，失其准矣；明明德、亲民而不止于至善，亡其本矣。故止于至善以亲民，而明其明德，是之谓大人之学。[1]

由此可见，“明明德”“亲民”的宗旨是要“止于至善”，“止于至善”是“明明德”和“亲民”的终极目标。因此，可以说，“止于至善”是“三纲领”中的总纲。那么，什么是“止于至善”呢？

从词语结构上来看，“止于至善”属于动补结构，“止”是动词，“至善”是补语。“止”在这里的含义非常独特，《说文解字》释“止”说：“止，下基也。象草木出有址，故以止为足。”“止”为足，又引申出到达义，因此“止”字兼有趾与止二义。趾表示走动，止的意思是到达，如《诗经》里“邦畿千里，唯民所止”的“止”偏于走动义，“缗蛮黄鸟，止于丘隅”的“止”偏于到达并停留义。由此看来，“止于至善”是说人应朝“至善”目标努力前进，最终到达并停留在那里。

那么，“至善”又作何解释呢？从字面意思看，“至善”比较容易理解。“至”是极、极致的意思，指事物达到了极点，“至善”就是极善、最善。不过，这里的“至善”不是一般道德意义上的善良，而是指事物处于本来应该的状态，或者说是最佳状态。比如说，杯子生产出来是用来装水的，而不是拿来摔碎的；粮食生产出来是吃的，而不是拿来浪费的；吃饭是为了维持生命有机体的健康存在，而不是为了嘴巴的味觉需要……当事物处于自身本该的状态，就是“至善”，否则就不是“至善”。如果感觉这样解释还是不够透彻，那就再举个

① 王守仁:《大学问》,《王阳明全集》卷二十六，第 800 页。

例子。曾子是一个很有孝心的人，据说他有一次因为种瓜问题惹得父亲不高兴，他父亲随手拿了一个大棍子打他，曾子也不躲，结果被打到不省人事。曾子醒来后，为了不让父亲担心，故意装出很高兴的样子。孔子听说这件事后，对曾子非常生气，甚至不认他这个弟子，并且说："小棰则待过，大杖则逃走。"[①] 意思是说子女遇到父母轻打就忍受，重打就逃跑。孔子为什么对曾子的行为生气呢？原因是曾子在孝顺父母这件事上没有达到"至善"。孔子认为，子女对待父母应该孝，但孝也是有原则和智慧的，不是一味地顺从。例如，当曾子的父亲拿大棍子打他时，曾子应该想办法躲开，而不是一味地接受。原因是人生气的时候很容易失手，万一曾子父亲那天失手把儿子打死了，对曾子而言是一个人生悲剧，对他父亲而言，也会后悔终生，并且因此落下不仁不义的坏名声。所以孔子认为曾子的行为属于"愚孝"，违反了孝的"本该状态"。在孔子看来，子女尽孝要见机行事，使孝的动机和结果达到理性的统一，才能达到孝的本来目的，才是真正的孝，也是孝的"本该状态"。这个状态就是所谓的"至善"，也就是所说的"天理所在"。

"至善"不属于单极思维，不是简单的"越多越好"。而是有一个度，类似于事物的黄金分割点。假设每件事都有一个黄金分割点，在那个点上就是"至善"。一旦有所偏离，就变成了"恶"。如曾子虽然对父母一片赤忱，但他的行为越过了

① 王国轩，王秀梅译著:《孔子家语》，中华书局，2009年版，第133页。

"至善"，就变成了"愚孝"，也就成了"恶"，这正是孔子对曾子不满的原因。由此看来，"至善"与"非至善"(恶) 之间是非此即彼的关系。从这个角度来说，善与恶二者之间也不是相互独立的两个事物，而是一个事物处理中"度"的问题：合度就是善，不合度就是恶。举个通俗点的例子，人们都认为吃饭应该八成饱最好，那么就吃饭这件事而言，"八成饱"就是"善"，不是"八成饱"(低于或者高于) 就是"恶"。虽然有善恶的对立，但实际上只是吃饭一件事，不是两个分别独立存在的事物。明白了这个道理，我们就可以看懂《传习录》里的一些对话：

问："先生尝谓'善恶只是一物'。善恶两端，如冰炭相反，如何谓只一物？"先生曰："至善者，心之本体。本体上才过当些子，便是恶了。不是有一个善，却又有一个恶来相对也。故善恶只是一物。"直因闻先生之说，则知程子所谓"善固性也，恶亦不可不谓之性"。又曰："善恶皆天理。谓之恶者本非恶，但于本性上过与不及之间耳。"其说皆无可疑。[1]

在现实生活中，"至善"不容易做到，因为它是一个变量。仍然以吃饭"八成饱"为例，对于从事繁重体力劳动的人而言，八成饱可能需要五个烧饼，而对于整天坐办公室的人而言，也许两个烧饼就刚刚好。即使同一个人，八成饱也会随着外界情况的变化而改变，如健康的时候可能要吃五个烧饼，生病的时候也许一个烧饼就够了。由此看来，"至善"本身只

① 王守仁:《传习录下》,《王阳明全集》卷三，第 85 页。

是一个原则或尺度，这个原则和尺度只有在具体事物上量化后才可以展现出来。变化是事物的本质特征，这就导致“至善”在现实生活中会随着事物的变化而不断变化。想要达到“止于至善”的目的，唯一的途径就是能在事物发生的那一瞬间准确把握住其中的度，并且还能随时根据新的变化作出调整。这对于个体而言，无疑是非常具有挑战性的事情。

那么，对于个体而言，靠什么来把握这个随时都可能发生变化的“至善”呢？王阳明的答案就是良知。在王阳明看来，良知是人天生带来的一点儿“灵明”，具有最敏锐的洞察力和判断力，一个人如果良知光明，就可以瞬间准确把握隐藏在事物背后的那个度，从而达到“止于至善”的目的。

明白了这一点，我们再看《传习录》中的相关内容就容易理解了。例如：

黄勉之问：“‘无适也，无莫也，义之与比’，事事要如此否？”

先生曰：“固是事事要如此，须是识得个头脑乃可。义即是良知，晓得良知是个头脑，方无执著。且如受人馈送，也有今日当受的，他日不当受的；也有今日不当受的，他日当受的。你若执著了今日当受的，便一切受去，执著了今日不当受的，便一切不受去，便是‘适’‘莫’，便不是良知的本体，如何唤得做义？”①

黄勉之提出的问题出自《论语·里仁》，原文如下：

① 王守仁：《传习录下》，《王阳明全集》卷三，第89页。

子曰:“君子之于天下也，无适也，无莫也，义之与比。”[①]

这句话翻译成白话文就是：君子对于天下的事情，没规定要怎样做，也没规定不要怎样做，唯一的原则就是要遵循义。

那么，什么是“义”呢？《中庸》中对“义”的解释是：“义者，宜也。”就是合宜、合适的意思。由此可知，孔子的意思就是说：君子做事不要有固执的想法，怎样做恰当就怎样去做。

王阳明回答黄勉之的话语耐人寻味。他首先肯定了孔子的观点，但加了一个前提条件：要懂得头脑所在才行。

“头脑”是一种笼统的说法，指的是一个人谋断和主意的出处。王阳明认为，人只有以良知为主宰，才能做到具体情况具体分析，遇事不执着，最终作出恰当的决定。遵循了良知，也就遵循了“义”。王阳明以接受馈赠为例，说明一个人如果不能遵循良知，就很容易作出不恰当的选择，违背了“义”。

由此看来，一个人如果没有“头脑”，不能用良知去处理问题，遇事就容易陷入迷茫，也无法理解古圣先贤的做法。历史上舜曾经“不告而娶”，武王也曾“不葬而兴师”，如果按照儒家的礼来看，这是典型的不孝不忠行为，这似乎和二人的身份有所不符。但在王阳明看来，这恰恰是二人依据良知作出的符合“义”的选择。他指出：“夫舜之不告而娶，岂舜之

① 朱熹:《四书章句集注》，中华书局，1983年版，第71页。

前已有不告而娶者为之准则，故舜得以考之何典，问诸何人而为此邪？抑亦求诸其心一念之良知，权轻重之宜，不得已而为此邪？武之不葬而兴师，岂武之前已有不葬而兴师者为之准则，故武得以考之何典，问诸何人而为此邪？抑亦求诸其心一念之良知，权轻重之宜，不得已而为此邪？使舜之心而非诚于为无后，武之心而非诚于为救民，则其不告而娶与不葬而兴师，乃不孝不忠之大者。”[①] 因此，所谓的“义”不是通俗意义上的完美无暇，而是面对复杂的外物时能用良知权衡利弊后作出的最佳选择。这种“最佳”也就是“至善”，是除此以外再无更好选择的意思。

由此可以看出，“至善”的本质就是《中庸》里的“义”，也就是合宜、适宜。“致良知”就是寻找最合适的事物处理方式，这个“最合适”正是儒家所说的“中庸”。

2.“致良知”与“中庸”

在很多现代人的“字典”中，“中庸”“中庸之道”变成了贬义词。一说到“中庸”，不少人可能会联想到滑头、模棱两可、墙头草等意思。事实上，“中庸”的本义与此完全相反，这需要从儒家经典《中庸》一书说起。

《中庸》作为“四书”之一，原是儒家经典《礼记》第三十一篇，相传是战国时期的子思所著。唐代的韩愈、李翱

① 王守仁:《传习录中》,《王阳明全集》卷二，第 44 页。

为了维护儒家道统，开始推崇《中庸》与《大学》，由此《中庸》才逐渐受到重视。不过，在南宋之前，《中庸》并未单独刊印过。宋初的大儒范仲淹、胡瑗、陈襄、欧阳修等都对《中庸》有所研究，此后王安石、司马光、苏轼也纷纷对《中庸》的思想作了阐发。“北宋五子”(周敦颐、邵雍、张载、程颢、程颐) 更是从理学的高度对《中庸》的思想作了富有创新的发挥，使《中庸》的地位得到了极大的提升。不过，真正让《中庸》家喻户晓的人物不是他们，而是后来的朱熹。

朱熹十五六岁时便开始读《中庸》，三十岁左右就著有《中庸集说》，四十八岁时写成《中庸章句》，随后又撰《中庸或问》和《中庸辑略》，六十岁时正式序定《中庸章句》，并把《中庸》与《大学》《论语》《孟子》并列，由此产生了儒家的“四书”的提法。

《中庸》虽由子思所著，但“中庸”一词并非他的首创，而是由孔子最早提出的，并见于《论语》:

子曰:“中庸之为德也，其至矣乎！民鲜久矣。”[①]

孔子这句话的意思是：儒家为人处世的最高境界是“中庸之道”，普通人很少能达到了。换句话说，“中庸之道”是圣人的处事原则，这也是圣人与凡人的一个显著区别。那么，“中庸之道”究竟指的是什么呢?

《说文解字》对“中”字的解释是：“内也。从口。丨，上下通。”对“庸”的解释是:“用也。从用从庚。”据此可知，“中

① 朱熹:《四书章句集注》，中华书局，1983年版，第91页。

庸”便是“中用”，古人习惯句法倒装，翻译成现代说法就是“用中”，也就是凡事都用“中”的原则来处理。由此可见，“中”是“中庸”一词的核心。

在《中庸》里，“中”与“和”又是紧密联系的一组概念，原文如下：

喜怒哀乐之未发，谓之中；发而皆中节，谓之和。中也者，天下之大本也；和也者，天下之达道也。致中和，天地位焉，万物育焉。[①]

这段话的意思是说，当人们的情绪还没有表现出来的时候，称为“中”，有了喜怒哀乐的情绪，却又符合常理和法度，就叫“和”。“中”是天下一切事物的根本，“和”则是天下一切事物的普遍原则。

程颐把“中”解释为“不偏”。朱熹继承了这一说法，也认为“中者，不偏不倚、无过不及之名”[②]，指出“中”就是不偏不倚，既不能过头（过分），也不能不及（达不到）。到了王阳明这里，他也赞同这种看法，并进一步指出，“‘未发之中’即良知也，无前后内外而浑然一体者也”[③]，指明“中”就是良知。

由以上可以看出来，程颢、朱熹、王阳明对“中”的理解基本一致。如果对他们的观点进行总结，可以得出“中”的含

① 朱熹：《四书章句集注》，中华书局，1983年版，第18页

② 朱熹：《四书章句集注》，中华书局，1983年版，第17页。

③ 王守仁：《传习录中》，《王阳明全集》卷二，第56页。

义如下：

“中”的本义是指不偏不倚的状态。这个“不偏不倚”并不是数学的二分之一或中点，而是指人内心平和、没有受到情绪影响的状态，所以“中”又引申出恰到好处、合宜，不走极端的语义。

“中庸之道”是指人们在处理问题时不受私欲的影响，保持客观、公正、公平的态度，把握好事物的度，不走极端，最终达到符合天理的目的。

由此看来，子思提倡“致中和”的目的是希望人们处理问题时不受情绪的影响，保持公正的态度。这和王阳明“致良知”的实质是一样的。因此，可以说“致良知”其实就是“致中和”。

明白了这个道理，再来看阳明心学就顺理成章了。《传习录》记载了这样一次对话：

陆澄问：“我对‘中’的意思不太理解。”

王阳明说：“这必须从心体上去认识，非语言所能表达。‘中’只是一个天理。”

陆澄接着问：“天理是什么？”

王阳明说：“把心中的私欲剔除干净，就可以认识天理。”

陆澄问：“天理为什么称为‘中’呢？”

王阳明说：“因为不偏不倚。”

陆澄问：“不偏不倚又是什么样的景象？”

王阳明答：“宛若明镜，全体透明彻亮，丝毫没有杂染。”

陆澄又问：“偏倚指有所杂染，例如在好色、贪利、慕名等方面有所染，方可看出偏倚。如果心尚未萌发，美色、名位、利益等都未显现，又怎么知道有所偏倚呢?”

王阳明说：“虽未显现，但平时好色、贪利、慕名之心并非没有。既然不是没有，就称作有，既然是有，就不能说无所偏倚。好比某人患了疟疾，虽有时不犯病，但病根没有拔除，也就不能说他是健康之人。必须把平时的好色、贪利、慕名之私欲统统清理干净，不得有纤毫遗留，使此心完全是天理，才可以叫作喜怒哀乐未发之中，方为天下之大本也。”

王阳明在此用明镜作比喻，描绘了“中”的景象，这很容易使我们联想到神秀和慧能的偈子。“四句教”首句说“无善无恶是心之体”，无善无恶的心就如同一面明镜，镜子本身对所照之物都是一视同仁的，没有任何的好恶，就相当于“喜怒哀乐之未发”，也就是所谓的“不偏不倚”。以这样的心去感应外物，就如同明镜照物，物的好坏、善恶自然可以呈现出来。人如果能够以这样的心态去应对所遇到的一切，就可以遵循天理，达到“中和”的境界。

事实上，“中”与“和”之间互为因果，如影随形。“中”为本体，“和”为发用，有了“中”，就能产生“和”。同样道理，“和”的出现，一定有“中”的存在。

具体到现实生活中，“致中和”就体现为以良知去把握事物背后的“中”，从而达到“和”的效果。如何把握事物的“中”呢？儒家提供的方法就是“执其两端而用其中”。“两端”

就是事物的两个极端，“用中”就是找到中间那个合宜的点。这类似于在葡萄酒酿造时酸度和甜度的把握，不能太甜，也不能太酸，要刚刚好。酿酒师的使命就是寻找这个“刚刚好”所在。这种对“度”的把握能力也是一切技艺的关键。人们常说“好厨子就是一把盐”，老子甚至说“治大国若烹小鲜”，可见对“度”的把握实在是一门很高深的学问。

生活中处理问题要把握住“中”，才能达到“和”的效果，从舜教化象的事迹也许能看到这一点。在中国早期的文献记载中，象是恶人的形象。《史记·五帝本纪》说：“瞽叟又使舜穿井，舜穿井为匿空旁出。舜既入深，瞽叟与象共下土实井，舜从匿空出，去。瞽叟、象喜，以为舜已死。象曰：‘本谋者象。’象与其父母分，于是曰：‘舜妻尧二女，与琴，象取之。牛羊仓廪予父母。’象乃止舜宫居，鼓其琴。舜往见之。象鄂不怿，曰：‘我思舜正郁陶！’舜曰：‘然，尔其庶矣！’舜复事瞽叟爱弟弥谨。”司马迁寥寥数笔，就把象贪婪、虚伪、少廉寡耻的形象刻画得入骨三分。在不少人看来，象作为一个弟弟已经做得太过分了，舜完全可以和他断绝关系，或者对其进行以牙还牙的惩戒。但是舜并没有如此做，他每次都恪守孝悌。在继承帝位后，还封象于有庳，象在舜的感化下改过自新，甚至被老百姓建庙祭祀。王阳明被贬为贵州龙场驿丞时，当地人翻新象祠，还请他作了一篇《象祠记》。

舜教化象的过程就有一个“执两用中”的问题。“两”就是问题的两个极端，就舜对象的态度而言，他有两个选择：

一种是与象恩断义绝，不管不问，或者干脆找个机会把他杀掉；一种是继续纵容象，由着他性子来。这两个选择都有弊端，第一种明显是违背了悌道，这不符合舜的个性，否则舜就不是舜了；第二种结果是象可能永远不会悔改，还会想尽一切办法谋害舜，抢夺他的财产，舜就要一辈子提防着象，家庭和睦就不可能实现，这也不是舜愿意看到的。所以舜只能在两个极端选择中间找第三个选择，那就是把象封到有庳这个相对偏僻的地方，同时又派人去管理政务，这样一方面让象有一定的收入和地位，不至于为生计发愁，另一方面也使象不至于做出更大的坏事。与此同时，舜经常可以召见象，最终使象彻底感化，成为受百姓尊敬的人。舜因为把握住了“中”，所以最终可以感化象，达到了“和”的效果。

此外，王阳明还认为，象三番五次要害舜，也可能是舜早期违反了“中”，操之过急导致的。他曾经给学生谈过自己的观点，“凡文过掩慝，此是恶人常态，若要指摘他是非，反去激他恶性。舜初时致得象要杀己，亦是要象好的心太急，此就是舜之过处。”[1]

由此可见，对“度”的把握能力在处理问题时是多么重要。

① 王守仁:《传习录下》,《王阳明全集》卷三，第 99 页。

3. 万物有度，过犹不及

“中”就是合宜，“中庸”之道就是把握事物的“度”。不过在现实生活中，这个“中”是很难把握的。孔子就曾经感叹过，他说：

道之不行也，我知之矣：知者过之，愚者不及也；道之不明也，我知之矣：贤者过之，不肖者不及也。[①]

可以看出，自古以来，“行道”的难处就在于一个“度”。古人常说，“当局者迷，旁观者清”。意思是人们看他人的时候，似乎一切都很清楚，但当轮到自己的时候，就不那么淡定了，常常深陷其中，跳不出来。王阳明的弟子陆澄就有类似的问题。

陆澄的儿子病危，王阳明知道了没有安慰他，而是对他说：

此时正宜用功。若此时放过，闲时讲学何用？人正要在此等时磨炼。父之爱子，自是至情，然天理亦自有个中和处，过即是私意。人于此处多认作天理当忧，则一向忧苦，不知已是“有所忧患，不得其正”。大抵七情所感，多只是过，少不及者。才过便非心之本体，必须调停适中始得。就如父母之丧，人子岂不欲一哭便死，方快于心？然却曰“毁不灭性”，非圣人强制之也，天理本体自有分限，不可过也。人但要识得心体，自然增减分毫不得。[②]

---

① 朱熹：《四书章句集注》，中华书局，1983年版，第19页。
② 王守仁：《传习录上》，《王阳明全集》卷一，第15-16页。

王阳明说天理自有个“中和处”，这个“中和处”就是“度”。“度”就是要恰好，“过度”不行，“不及”也不行，一点儿不能出偏差，就如同杂技演员走钢丝，力量、分寸要拿捏得恰到好处，才能稳稳当当走完全程。

在日常生活中，人们常常会受到各种私欲的干扰，稍不留神就可能失去了“度”。

有一次，王阳明和几个弟子坐在一起聊天，其中一个学生的举止过于矜持。王阳明说：“人若过于矜持，终究是存在弊端的。”

有人就问：“过于矜持为何会存在弊端呢？”

王阳明说：“人的精力毕竟有限，若一味在外在行为举止上用功，往往就不能顾及内心了。”

话音刚落，有一个平时举止大大咧咧、过于直率的人走过来，王阳明看到了，话题一转，接着说：“如今讲良知学说，若在外表上完全没有约束，又是把心与事当成两回事看了。”

在场的学生不知是否会感叹：既不能太矜持，又不能太直率，做人真难啊！

的确，“致良知”是一件非常困难的事。王阳明曾说：

致良知便是择乎中庸的功夫，倏忽之间有过不及，即是不致良知。[①]

有一次，王阳明对学生说：“在心体上不能遗留一个念头，

① 束景南，查明昊辑编：《王阳明全集补编》，上海古籍出版社，2016年版，第236页。

如同眼中不能吹进一丁点儿灰尘。一丁点儿能有多少呢？但就这一丁点儿也能使人满眼天昏地暗了。”过了一会儿，他可能觉得还没有讲透彻，就接着补充道：“这个念头不仅仅是指不好的念头，即便美好的念头也不能有，就如同眼中放入一些金玉屑，也同样会导致眼睛无法睁开一样。”

王阳明讲的道理耐人寻味。举个例子，射击运动员在竞赛中不能有负面的情绪，如担心、恐惧、忧愁等，否则会影响比赛发挥，这个道理众所周知。但事实不仅如此，运动员也不能有“好”的想法，比如过度想要赢、想高水平发挥、想为国争光等念头。这种念头貌似是“好的”，可是一旦过度，同样也会成为一种心理障碍，影响水平的发挥。可见，“善念”(此“善念”已经不是儒家说的“善”）过度了也会成为了一种私欲，因为它违背了“中”的原则。《大学》总结了四种“不正”的念头，值得人们时时警惕。原文如下：

所谓修身在正其心者，身有所忿懥，则不得其正；有所恐惧，则不得其正；有所好乐，则不得其正；有所忧患，则不得其正。[①]

也就是说，当一个人心中有愤怒、恐惧、嗜好、忧患的时候，内心都是无法保持“中正”的，可见“中”的状态是非常艰难的。俗话说：“会者不难，难者不会。”可能对王阳明而言，一个人如果能良知光明，自然就能做到内心不偏不倚，无过也无不及。“中”是水到渠成的事情，但是对于常人而言，

① 朱熹:《四书章句集注》，中华书局，1983年版，第8页

这种“中”的把握是十分困难的。因为，在实际生活中，外界事物是处在不断变化的状态中，“中”也会随着事物的变化而变化。一个人只有随时掌握事物的变化，才能准确把握事物当下的“中”，这就是《中庸》所说的“时中”。原文如下：

仲尼曰：“君子中庸，小人反中庸。君子之中庸也，君子而时中；小人之中庸也，小人而无忌惮也。”①

孔子的意思是君子要能根据外界的变化达到“时中”，小人则是不考虑外界的变化，任由自己的想法，就变得肆无忌惮。

所谓“时中”，就是要每时每刻根据事物的变化去把握事物的“中”，从而达到分分秒秒的“中道”，即在事情发生那一瞬间的“中道”。

“时中”其实蕴含了“变”的哲学问题，这也是中国传统哲学中一个十分重要的论题。《易经》认为宇宙万物无时无刻不处于变动之中。变化是事物的常态，人们要主动去适应变化，才能遵循大道。这就是《易经》中“变”与“适变”的思想。以身份变化为例，每个人的身份会随着场合的不同而变化。如一位男教师，在学生面前他是老师，在妻子面前他是丈夫，在儿子面前他是父亲，在父亲面前他是儿子，在领导面前他是下属……面对不同的交际对象，他的言行举止要想做到“中道”，就必须随时根据身份的变化作出调整，否则就可能会出现一些不恰当的言行举止。那么，他靠什么来作出

① 朱熹:《四书章句集注》，中华书局，1983年版，第18-19页。

判断和调整呢？王阳明认为就是良知。

王阳明曾经对学生说："良知即是《易》，'其为道也屡迁，变动不居，周流六虚，上下无常，刚柔相易，不可为典要，惟变所适'。此知如何捉摸得？见得透时便是圣人。"[①]

由此可见，良知没有固定形式，变化无常，圣人之所以能做到时刻"中道"，就是因为掌握了良知的奥妙。

4. 良知为师，任重道远

"致良知"是阳明心学的最终升华和凝练，虽然只有三个字，却是王阳明一生思想的高度结晶。王阳明在晚年写给继子王正宪的信中说："吾平生讲学，只是'致良知'三字。"[②]他也曾略带担忧地对学生说："某于此良知之说，从百死千难中得来，不得已与人一口说尽。只恐学者得之容易，把作一种光景玩弄，不实落用功，负此知耳。"[③]

的确，一种东西如果得来太容易，人们往往不会珍惜。

"致良知"三字承载了王阳明的全部思想，需要慢慢体会，才能明白他的良苦用心。用梁启超的话来说，"致良知"就是"绝对服从良心命令便是"。很多人觉得"致良知"的道理很简单，看过一两本书后就觉得自己完全懂了，不会去深究其中的

① 王守仁:《传习录下》,《王阳明全集》卷三，第110页。
② 王守仁:《寄正宪男手墨二卷》,《王阳明全集》卷二十六，第818页。
③ 钱德洪:《年谱二》,《王阳明全集》卷三十四，第1050页。

奥妙，更不会在生活中实践，这恰恰是学习阳明心学的最大误区。

“知道”并不代表“做到”。古人说“悟道容易行道难”，也说“悟道一时，行道一世”。在现实生活中，“致良知”是非常艰难的事情，原因是良知与私欲之间如同光明与黑暗，二者彼此依存，又相互争斗。在某种意义上，人类进化的历史就是个体和群体良知不断提升的过程。良知与私欲的斗争伴随着人们每一天的生活，“致良知”就是要不断去除私欲，使良知成为主宰。王阳明曾用主与奴来比喻良知与私欲的关系：

> 良知犹主人翁，私欲犹豪奴悍婢。主人翁沉疴在床，奴婢便敢擅作威福，家不可以言齐矣。若主人翁服药治病，渐渐痊可，略知检束，奴婢亦自渐听指挥。及沉疴脱体，起来摆布，谁敢有不受约束者哉？良知昏迷，众欲乱行；良知精明，众欲消化，亦犹是也。①

这个比喻很贴切。良知如同一个大户人家的主人，私欲则是家里养的一群豪奴悍婢，主人健健康康的时候，这些豪奴悍婢自然不敢过分造次，家里井然有序。但是主人一旦病倒，没有精力去管束的时候，这些奴婢可能就会趁机作乱，作威作福。

因此，王阳明认为，一个人如果良知光明，私欲就不会有机可乘。如果良知稍有松懈，私欲可能就会立即乘虚而入，

---

① 束景南，查明昊辑编：《王阳明全集补编》，上海古籍出版社，2016年版，第315页。

这是“致良知”尤其需要注意的事情。

嘉靖初年，王阳明经历了赣南剿匪和朱宸濠叛乱事件后，回到阔别已久的家乡。不幸的是，父亲王华在王阳明回家没多久就溘然长逝，这使身心俱疲的王阳明又经受了一次重大的人生打击。处理完父亲的后事，王阳明按照惯例丁忧在家，开始了他的讲学闲居生活。

有一天，王阳明带着学生出游，经过山坡上一处洼地的时候，发现中间有一户人家，楼阁耸立，竹林环绕，曲径通幽，溪水旁流，景色让人流连忘返。学生告诉王阳明，这户人家就是以前托人来卖房子的人，只是当时王阳明觉得路途遥远所以没有成交。王阳明听后不再说话，一路上都沉默不语。直到晚上回到住处，他才告诉弟子，自己今天看到那座房子的时候心生喜悦，但是很快就醒悟到：我看到这座房子心生爱恋时，就无法体谅到房子主人的爱恋之心，这是贪爱之心遮蔽了自己的良知，这是一种私欲，必须要克制。但是私欲很难克制，爱恋之心屡起屡灭，自己默默走了四五里路才基本克制干净。在场的弟子听了都很受触动，对致良知功夫有所警醒。

这件事告诉我们一个道理：即使像王阳明这样的圣人，也会有私欲的产生，可见克制私欲是十分艰难的事情。这个“难”不仅仅是因为私欲难以提防，更难在“致良知”是一个持续、没有止境的过程。

有一次，王阳明和几个学生在一起论学，欧阳德说：“先生把‘致良知’这一宗旨阐发得淋漓尽致，看来此处无法再讲了。”王阳明却说：“怎能这样随便说呢？你再用功半年，看看会怎样？再用功一年，看看又会怎样？功夫越久，感觉越不同，其间难以言表。”

正如王阳明所说，“破山中贼易，破心中贼难”。克制内心的私欲，从古到今都是圣贤修身的难点。如同在高速路上开车，不能有丝毫马虎，否则可能前功尽弃、车毁人亡。“致良知”也不能有一丝一毫的松懈，是一个永远在路上的过程。在这个过程中，不能有“船到码头车到站”的松懈，也不能有“毕其功于一役”的急切想法。只有时刻保持“战战兢兢，如临深渊，如履薄冰”的谨慎，并以“只管耕耘，不问收获”的定力，持之以恒，毫不松懈，才能达到良知光明的境界。

至此，本书已经完成对王阳明主要思想的粗线条勾勒工作，希望能对读者了解阳明心学有所帮助。“致良知”不仅仅是一种修养道德的方法，而且也与我们每个人的人生密切相关。

如果对一个人的人生进行不断分解，就会发现一个有趣的现象：在千差万别的众生背后，其实有一点是相同的，即每个人的人生都是自己选择的结果。不错，生活就是一个接一个的选择。例如，早上六点闹钟响了，我们要选择起床还是再睡会儿；起床后，要选择好好吃早餐还是路边买点儿东西充饥；到了餐馆，要选择吃包子还是油条……这些琐碎的选择构成了我们一天的生活。当然，人生也包括一些所谓的大事。例如，考大学选文科还是理科，找工作选择甲公司还是乙公司，结婚对象选择 A 还是 B，诸如此类。虽然每次选择对象有所不同，但选择的本质并没有改变。以此类推，我们每一天的生活由这些大大小小的选择组成，每一天的选择又构成了我们整个人生。所以，人生就是在不断地做选择，而所做的选择反过来又影响了我们的人生。

在潜意识里，每个人可能都希望在人生中少犯错误，渴望能有一位充满智慧的人生导师，在我们需要帮助的时候指导我们。但我们也都知道，这是不现实的。首先，这样的导师非常罕见，即使在现实生活中有，也不是人人都能找得到的。其次，就算有人运气好，找到了一位理想导师，这位导师也不可能二十四小时陪伴在你身边，当一些突发状况出现的时候，还是需要自己作出当机立断的选择。因此，说到底，每个人终究都是要学会独自面对自己的人生，要学会选择。

那么，当看不清人生未来的时候，我们可以依赖谁帮我们作出选择呢？

阳明心学给了我们一个解决方案：良知！王阳明说：“良知只是个是非之心，是非只是个好恶，只好恶就尽了是非，只是非就尽了万事万变。”[①] 是的，世间的事情无论大小，都无非是对错之间，对的就去做，错的坚决不做，不就解决了人生的所有选择难题吗？正如王阳明所说：“盖日用之间，见闻酬酢，虽千头万绪，莫非良知之发用流行，除却见闻酬酢，

① 王守仁:《传习录下》,《王阳明全集》卷三，第 97 页。

亦无良知可致矣。”[1]

有一位友人说：“致良知是人生头等大事。”初听此言，尚有所怀疑，觉得未免过分夸大了阳明心学的价值，但后来细细琢磨这句话，觉得确实有其自身的道理。一个人如果良知光明，遇事就能作出正确的选择，就能少犯错误，就能成就无憾的人生，这难道还不是“人生的头等大事”吗？

嘉靖六年（1527），王阳明再次奉命出征广西，经过浙江常山时，他拜访了当地的名士方豪。

方豪，浙江开化人，字思道，号棠陵，正德三年进士。方豪四岁就能写诗，在当地有神童之称。方豪生性率真磊落，为人正直清廉，曾谏阻武宗南巡，跪阙下五日，受杖五十，罢官归。嘉靖元年（1522），他被世宗召回，官至福建提刑按察副使。嘉靖六年，四十五岁的他告老还乡。

方豪平时热衷于道家外丹修炼和养生术，王阳明与他进行了交流，也阐述了自己对道家长生修炼功夫的看法，无奈方豪痴迷太深，二人观点不合。因尚有公务在身，王阳明不能和方豪进一步深入探讨。临别时，他作了一首《长生》诗送给方豪。诗里写道：

长生徒有慕，苦乏大药资。
名山遍探历，悠悠鬓生丝。
微躯一系念，去道日远而。
中岁忽有觉，九还乃在兹。

① 王守仁：《传习录中》，《王阳明全集》卷二，第62页。

非炉亦非鼎，何坎复何离；
本无终始究，宁有死生期？
彼哉游方士，诡辞反增疑；
纷然诸老翁，自传困多歧。
乾坤由我在，安用他求为？
千圣皆过影，良知乃吾师。[①]

这首诗既是对方豪的委婉规劝，也是王阳明对自己一生求道经历的总结。王阳明认为，真正的长生应该向内求，常人在身外求长生的做法是错误的，这是道家外丹方术误导世人的结果。在诗的最后两句，王阳明指出，良知是每个人最忠实、最可靠的老师，长生之道在这里，圣人学说也唯此而已！

王阳明少年时期就有志于圣学，虽然人生坎坷，磨难不断，但他矢志不渝，负重前行。一路上跌跌绊绊，经过百死千难，终于悟到了良知学说的妙用，良知就是天理，良知就是圣人之道！

在学习阳明心学的过程中，作者也深有感触，收获颇多，在此以一副不太工整的对联，作为对阳明学说的总结。内容如下：

上联：何为道，苦求索，古今学子多困惑。

下联：心即理，事上磨，知行合一良知说。

横批：良知即道

① 王守仁:《长生》,《王阳明全集》卷二十，第657页。

第七章　从心开始
——阳明心学的当代价值

虽然王阳明仅活了五十七岁，但他留给世人的财富是巨大的。哈佛大学教授杜维明说："五百年来，儒家的源头活水就在王阳明。"王阳明以儒家圣人学说为内在血脉，同时吸收了佛道思想的精华，创建了自己的心学思想体系，不仅对中国传统文化道统的延续发挥了重要作用，也使儒家思想焕发出了新的生机，而且在日本、韩国、朝鲜等国也产生了很大的影响。阳明心学作为中华优秀传统文化的代表，在当前新的社会背景下，如何焕发出新的活力，为中华民族伟大复兴和人类文明进步作出贡献，是值得我们思考的问题。

1. 阳明心学与民族文化自信

文化是指一个民族历经多年所沉淀下来的思考方式、生活方式和行为准则，是一个民族最基本的象征，也是一个国家和民族的精神定力和灵魂。党的十九大报告指出："文化兴则国运兴，文化强则民族强。没有高度的文化自信，没有文化的繁荣兴盛，就没有中华民族伟大复兴。”因此，一个民族、一个国家唯有保持本国文化的民族特性，才有可能屹立于世界民族之林。

2014年全国两会期间，习近平总书记在参加贵州代表团审议时指出：“我们要坚持道路自信、理论自信、制度自信，最根本的还有一个文化自信。”[①]所谓文化自信，就是一个民族、一个国家以及一个政党对自身文化价值的充分肯定和积极践行，并对其文化的生命力持有的坚定信心。

文化自信是假装不出来的，必须是个体对自己民族文化由内到外的自觉和信心，其中对自己民族文化的自觉是文化自信的根源。那么，什么是文化自觉呢?

“文化自觉只是指生活在一定文化中的人对其文化的‘自知之明’，明白它的来历，形成过程，在生活各方面所起的作用，也就是它的意义和所受其他文化的影响及发展的方向。”[②]或者简单而言，“文化自觉，是人对民族文化的价值、地位与作用的认知与觉悟”。[③]文化自觉与文化自信是辩证统一的关系，文化自信应建立在文化自觉的基础之上，反过来，文化高度自觉的民族，才能坚定自己民族的文化自信。

①《“改革的集结号已经吹响”——习近平总书记同人大代表、政协委员共商国是纪实》，《人民日报》，2014年3月13日。

② 费宗惠，张荣华：《费孝通论文化自觉》，内蒙古人民出版社，2009年版，第5页。

③ 冷淑敏：《阳明心学对实现文化自觉的启示》，《人民论坛》，2017年第32期，第137页。

记得电影《无问西东》中有这样一个情节，西南联大的吴岭澜教授年轻时在清华大学读书，有一段时间因为找不到人生的意义而苦闷。某日他去图书馆听泰戈尔演讲，陪同在泰戈尔旁边的是清华大学的几个学者，吴教授回忆说，“这些人站在那里，自信而笃定，那种从容让我十分羡慕……”

电影里没有具体指明那几个学者的名字，只说他们都是当时最卓越的人，他们和其他国家的文化精英站在一起丝毫不觉得自卑，显得自信而笃定，谦虚而包容。吴教授在那一刻突然明白了人生的意义，电影里也没有指明吴教授究竟领悟到了什么。不过，我们结合剧情背景，还是可以看出一些端倪。电影中的场景大概发生在20世纪30年代，当时中国的国门被西方列强的坚船利炮打破，社会处于思想大变革时期，无数的仁人志士都在反思问题，寻找出路。其中不少人把失败原因归咎于中国文化的落后，甚至出现全盘否定的呼声，是一种极度文化不自信的心态。但是真正卓越的人明白一个道理，中华民族文化本身并不落后，落后的只是中国腐朽的封建社会制度和统治阶级。电影中的这些学者，之所以能够从容而淡定地与其他国家的文化精英并排站在一起，是因为他们能真正做到对自己民族文化的自觉和认知。他们身上的那种自信，正是对中华民族文化自信的最好诠释。

中华优秀传统文化是中华民族在历史发展中对物质、精神等方面的整合与凝结，是中国人文化自信最重要的根基。纵观世界文化发展历史，中华文化独树一帜，是唯一从未中断的文明，为世界文明贡献了中国独特的智慧。阳明心学作为中华优秀传统文化的代表，吸收了儒释道三家的精华，对建立文化自觉、坚定文化自信具有重要的价值。

首先，从个体文化自信角度而言，阳明心学浓缩了儒释道有关心性修养的精华，对个体生命意识的觉醒具有独特作用，有助于个体文化自信的确立。王阳明开创性地提出“心即理”命题，指出修身就是“正心”，就是排除一切私欲对个体“本心”的干扰，使心的本体呈现出来。心的本体就是中国古人说的“性体”或“真我”，是人自我意识的纯净呈现。人在后天生活中，很容易受到外界的影响，从而迷失自我。近代以来，随着世界范围内各国交流的增加，在极少数人身上出现了崇洋媚外的心理，觉得什么都是外国好，甚至月亮也是外国圆，这种心理其实是文化不自信的典型表现，是失去“本心”的结果。王阳明倡导的“正心”能使人摆脱私欲的干扰，从而对客观世界保持理性而清醒的认识，这是建立文化自信的基础。

其次，从人类未来发展方向而言，阳明心学为构建人类命运共同体提供了理论基础，为人类社会的良性发展指明了方向。“一体之仁”是阳明心学的重要命题，王阳明在《大学问》中指出：“大人者，以天地万物为一体者也，其视天下犹一家，中国犹一人焉。”[①]“大人”的这种“一体”世界观蕴含了世界具有统一性的理论取向，强调了宇宙间的一切都是相

① 王守仁:《大学问》,《王阳明全集》卷二十六，第798页。

互依存、彼此联系的整体。此外，不同国家、不同民族的价值观、文化观可能各有不同，但在良知层面上，人类具有共通性。当不同国家、不同民族的利益争端出现的时候，只有彼此遵循良知，克制私欲，相互体谅、同心协力，才是解决问题的唯一出路。当今世界虽然整体是和平的，但局部也存在着矛盾和冲突，在世界范围之内不断出现一些不利于人类生存和发展的问题，如生态问题、环境问题、能源问题、恐怖主义、单边贸易保护问题等，尤其是全球新冠肺炎疫情的暴发，更加证明人类命运的紧密相关性。事实证明，任何一个国家在灾难中都很难独善其身，只有构建人类命运共同体，通过合作对话，相互包容、协调才能克服困难，共渡难关。从世界整体性的哲学高度上看，阳明心学为人类解决各种争端提供了可能，对构建人类命运共同体具有重要的理论价值。

阳明心学作为中华民族智慧的结晶，无论对个体生命意义的确立，还是人类整体的生存和发展，都具有重要的价值和意义。阳明心学不仅属于中国，也属于全人类；不仅是中华民族文化自信的根基和源泉，也是中华民族对世界文化的重要贡献。

2. 阳明心学与当代道德文明建设

人类在物质需求得到一定程度的满足后，精神需求自然就会显现出来，因此精神文明建设是社会发展的必然要求，而精神文明建设必须要发挥道德文明的引领作用。

道德是社会上层建筑中意识形态的重要组成部分，是人类社会生活不可或缺的内容，存在于经济、政治、文化、社会、生态各个领域。古往今来，道德与法律相结合，构成了维护社会发展和稳定的两个最重要手段。但在作用上，二者有明显的不同，法律是人们行为的底线，属于最低强制要求，道德则倡导人们高尚，属于引领思维。一个文明、和谐、幸福的社会，仅仅依靠法律显然是不够的，所以孟子很早就提出："徒善不足以为政，徒法不能以自行。"[①] 意思是只有道德是不足以处理国家政务的，只有法令也不能够使之自己发生效力，道德与法律必须相辅相成才能发挥作用。

经过改革开放40余年的发展，我国的社会生产力水平明显提高，物质生产能力在很多方面已经进入世界前列。从数据上看，我国经济总量自2010年开始稳居世界第二，部分领域在世界上遥遥领先，220多种主要工农业产品生产能力稳居世界第一位，我国长期所处的短缺经济和供给不足状况已经发生根本性转变。党的十九大报告指出，我国社会主要矛盾"已经转化为人民日益增长的美好生活需要和不平衡不充分的发展之间的矛盾"。随着生活水平的不断提高，人民群众对美好生活的期待越来越强烈，精神文明建设自然成为国家未来努力的重要方向。

改革开放以来，我国在精神文明建设上也取得了很大的

① 朱熹:《四书章句集注》，中华书局，1983年版，第18–19页。

进步。但是我们也应该看到，随着国际国内形势的变化，我们面对的挑战依然很多。如功利主义、享乐主义在某些地方、某些领域仍然比较突出，食品安全、环境污染依然存在，网络诈骗现象久治不绝。另外，在网络自媒体时代，受市场经济的影响，某些社会成员道德观念模糊，个人言行突破社会公序良俗的底线，伤害国家尊严和民族感情的事件也时有发生。这些问题的存在都说明我们的道德文明建设工作任重道远。

在实际工作中，道德文明建设不能停留在口号层面，一定要落实到每个人的身上才有意义，因此从个体道德修养入手是社会道德文明建设的根本。中国传统文化向来重视个体的道德修养，也有很多优秀的方法可以借鉴，如儒家倡导的“慎独”，墨家主张的“兼爱”，道家提出的“无为”，佛家宣扬的“慈悲”。王阳明根据社会发展需要，吸收了儒释道有关心性修养方法的精华，开创了阳明心学，对个体道德、家庭美德和社会公德建设都具有参考意义。

首先，“知行合一”能有效杜绝知行脱节、言行不一的道德问题。长期以来，道德认识无法转化为道德实践一直是道德文明建设中最大的难题。究其原因，是因为在常人的意识里，知和行之间存在着障碍，这个障碍就是王阳明所说的私欲。人很容易受周围环境的影响，有时明明知道是对的，但因为受到私欲影响而没有去行动；有时明明知道是错的，但因为周围人做了就会跟着去做，由此导致知与行之间出现了分离。王阳明正是看到了这一社会弊病，才提出了“知行合一”，以此来矫正知行脱节的道德风气。“王阳明极力反对用天理来束缚人的思想与行为，尤其反对言行脱节、只说不做的学风。不仅如此，王阳明还提出每个人都必须严格践行自己的德性，做到知行合一，将道德规范变成每个人的一种自觉的道德要求。”[①]“知行合一”就是提醒人们要严格遵从自己的良知。良知既是道德认知的发出者，也是道德行为的监督者，使道德认识与道德实践之间实现了无缝对接，从而能有效杜绝知行脱节、言行不一的问题。

其次，“致良知”有助于社会个体的自我教育，提升社会成员的道德自律性。传统上，道德教育多采用说教、灌输的方式，是一种由外到内的教育模式，属于“要我做”方式。这种教育方式因为带有对立性，所以往往无法激发个体的积极主动性，教育效果不佳。与此相反，“致良知”的主体是个人，“致良知”就是扩充良知，让良知显现并发挥作用，主张道德个体听从自己内心的良知，把“要我做”变成“我要做”，能激发主体的积极主动性，也能有效发挥道德主体的自我教育作用，对增强社会成员的道德自律性意义重大。

此外，王阳明以“良知”这一普遍认同又浅显易懂的提法作为道德修养的依据，以“事上磨炼”作为道德实践的方法，使原本复杂的儒家个体修养理论变得通俗易懂，有利于道德

① 韩博：《王阳明心学笔记》，华中科技大学出版社，2014年版，第147页。

修养的平民化和日常化，也使全民道德文明建设成为可能。

3. 阳明心学与现代社会治理

党的十八届三中全会将“推进国家治理体系和治理能力现代化”确定为全面深化改革的总目标，社会治理机制和方法的创新是我国现代化进程的重要内容。

王阳明不仅是伟大的思想家和哲学家，还是伟大的政治家和军事家。他先后担任过县令，南、赣及整个江西的巡抚，晚年又被派往广西处理地方少数民族事务，在地方治理工作中成绩卓著，形成了一套独具特色的治理方法。其地方治理方法呈现出以下几个特点。

第一，德法兼用，刚柔相济。“德治”与“法治”作为国家治理中最重要的两种手段，历史上向来有不同的看法。以孔子为代表的“德治”派主张以德治民，反对苛政和刑杀。孔子认为法治虽有一定的作用，但也存在治标不治本的缺陷，所以理想社会的建设要依靠德治。以韩非子为代表的“法治”派则与儒家针锋相对，主张用严苛的刑罚治国，他们认为世上能够自我完善的人很少，要管理百姓，必须使用严厉的刑罚。韩非子主张“不务德而务法”[①]，建议以重刑来治理百姓。几千年的社会实践证明，片面强调“德治”或“法治”任何一方，都会走向极端。因此，从汉代开始，随着董仲舒对儒家

① 张觉等:《韩非子导读》，中国国际出版社，2009年版，第274页。

思想的改革，“德主刑辅”逐渐成为历朝历代的基本治国策略。

王阳明作为一代大儒，心怀天下，情系百姓，创造性地将心学思想与社会治理实践相结合，形成了自己“德法兼用，刚柔相济”的治理特点。如他在担任江西庐陵县县令期间，“为政不事威刑，惟以开导人心为本”[①]。一方面，他冒着得罪权贵的风险为民请命，取消了不合理的赋税，减轻老百姓的负担，并提倡伦理道德，移风易俗；另一方面，他针对诉讼泛滥的民风陋习，颁布了极其严苛的政令，以强硬的法律手段整治诉讼成风的恶习。在担任南、赣巡抚期间，他“德刑并用、礼法结合”的理念得到了进一步完善。一方面，他推行了极为严苛的“十家牌法”，对民匪勾结行为进行严厉的打击；另一方面，他也颁布了著名的《南赣乡约》，倡议“自今凡尔同约之民，皆宜孝尔父母，敬尔兄长，教训尔子孙，和顺尔乡里，死丧相助，患难相恤，善相劝勉，恶相告诫，息讼罢争，讲信修睦，务为良善之民，共成仁厚之俗”[②]。在重视道德教化工作的同时，他也非常重视教育工作，先后发布了《兴举社学牌》《颁行社学教条》等政令，大力兴办乡馆社学，以教育教化人心，推行德法兼施、教化为本的治理模式。

第二，因地制宜，精准施治。王阳明认为“道无方体，不可执著”，为政者在具体工作中应该要有“大头脑”，发布政令要因时致治，治理方法和手段要因地制宜。他在南、赣担任

① 钱德洪:《年谱一》,《王阳明全集》卷三十三，第 1008 页。
② 王守仁:《南赣乡约》,《王阳明全集》卷十七，第 507 页。

巡抚期间，总结了过去官兵不能从根本上制胜的经验和教训，推行了“十家牌法”和民兵训练两项重大的军事改革措施，主张“绥抚之方，随时殊制；攻守之策，因地异宜”[①]。其中，“十家牌法”是王阳明根据古代“保甲法”改进的户籍管理查验制度，十户人家之间相互监督、相互连带。这种“连坐”的管理方式今天看来似乎有些严苛，但在当时的特殊环境下却收到了很好的军事效果。

为了改变以往军心涣散、权责不清的现象，王阳明充分利用奖惩的导向作用。他专门给朝廷上了《申明赏罚以励人心疏》，并多次强调赏罚的作用，认为“赏罚，国之大典”[②]，“夫刑赏之用当，而后善有所劝，恶有所惩；劝惩之道明，而后政得其安”[③]，“善者益知所劝，则助恶者日衰；恶者益知所惩，则向善者益众”[④]。为了更好地发挥赏罚的作用，他还主张奖惩要及时兑现，建议现场执法，以此激励士气。此外，面对财务困局，他给朝廷上《疏通盐法疏》等奏章，通过临时变通税法，精准施治，解决了军费问题。

第三，防治结合，“治心”为本。中医治病的一个基本思维是防病于未然。《黄帝内经》里说：“是故圣人不治已病治未病，不治已乱治未乱，此之谓也。夫病已成而后药之，乱已

① 王守仁:《巡抚南赣钦奉敕谕通行各属》,《王阳明全集》卷十六，第446页。
② 王守仁:《答潘直卿》,《王阳明全集》卷二十一，第688页。
③ 王守仁:《绥柔流贼》,《王阳明全集》卷十八，第548页。
④ 王守仁:《绥柔流贼》,《王阳明全集》卷十八，第549页。

成而后治之，譬犹渴而穿井，斗而铸兵，不亦晚乎？”① 中医这种注重预防、防病于未然的思想也是儒家治理社会的基本思路。“所谓‘治心’，就是通过对人心的治理，使人心成为‘道心’以达到治理社会的目的。”② 王阳明认为人心是根本，治理国家应该以正人心、淳民风为根本，反对依靠武力镇压来解决问题，他曾言：“但圣人得位行志，自有消变未形之道，不须用此。后世论治，根源上全不讲及，每事只在半中截做起，故犯手脚。若在根源上讲求，岂有必事杀人而后可以安人之理。”③

不过，我们也应该看到，王阳明所处的明朝社会，统治阶级荒淫腐朽，内忧外患相互叠加，整个社会已经完全背离了儒家的理想社会。王阳明常慨叹自己生不逢时，对自己所做的征伐工作深感悲哀。他曾言：“某自征赣以来，朝廷使我日以杀人为事，心岂割忍，但事势至此。譬之既病之人，且须治其外邪，方可扶回元气，病后施药，犹胜立视其死故耳。可惜平生精神，俱用在此等没紧要事上去了。”④ 但面对残局，他别无选择，只能尽力周旋，在使用军事手段打击的同时，也竭尽全力推行良知之教，以挽救人心为治理之本，试图通过个人的努力，扭转整个已经腐朽的社会机制。

---

① 姚春鹏译注：《黄帝内经·素问》，中华书局，2010年版，第32页。
② 李承贵：《儒学治理社会的三个环节》，《华南师范大学学报》，2011年第6期，第5页。
③④ 钱德洪：《征宸濠反间遗事》，《王阳明全集》卷三十九，第1220页。

不可否认，在当时腐朽的社会背景下，王阳明的思想带有一定的理想主义色彩，他的努力只能暂时延缓明政府已经溃败的统治，其最终结局注定是要失败的。但是，我们也应该看到，作为儒家思想的坚定奉行者，王阳明秉承了儒家一贯的仁政理念，在武力征讨的戎马倥偬中，他深刻地认识到人心的救赎才是治世的根本，依靠武力维护社会稳定是舍本逐末，饮鸩止渴。

4. 阳明心学与当代工匠精神塑造

当前，我国经济正处于从“制造大国”向“制造强国”转型的关键阶段，产品质量的升级换代成为核心追求。自 2016 年以来，工匠精神已经连续五年被写入政府的工作报告，党的十九大报告中也提出，“建设知识型、技能型、创新型劳动者大军，弘扬劳模精神和工匠精神，营造劳动光荣的社会风尚和精益求精的敬业风气”。这是我国政府立足于国际产业变革大势，作出的全面提升我国制造业发展质量和水平的重大战略部署，其根本目标在于改变我国制造业“大而不强”的局面。在促进产业升级、提升发展质量和效益的背景下，工匠精神已成为经济转型的迫切需求。

工匠精神，简单说就是劳动者在工作中表现出的敬业、专注，对产品质量一丝不苟、精益求精、不断创新的品质。从内涵构成上看，工匠精神既有物质层面的载体，又有精神层面的内核。“如果要给工匠精神下一个完整的定义，应该是指工匠在良好人文修养和高超职业技能结合下形成的一种精神理念，它既体现为工匠的气质，又体现为产品的品质。”[①] 如果把工匠精神比作一棵树，那么产品是树冠，技术是树干，而匠心则是树根。产品是工匠精神的物质载体，技术是工匠精神的实现途径，匠心则是工匠精神的内在魂魄。工匠精神的实质是劳动者人格在劳动过程中的外显。真正的工匠大师，既需要有精湛的“匠艺”，更需要有卓越的“匠心”，其中“匠心”是根，“匠艺”是干，培育工匠精神首先是要培育一颗工匠的“心”。

从阳明心学的角度来看，心是身的主宰，人的所有劳动生产过程都是在心的主宰下完成的，因此，匠心培育是工匠精神的根本。阳明心学浓缩了儒释道三家有关心性修养的精华，在道德修养、人格塑造、品质磨炼等方面都有独到之处，可以从个性心理品质培养的微观层面为工匠精神培育提供参考。具体而言，主要体现在以下四个方面。

第一，“致良知”为工匠精神培育提供了伦理学基础。工匠精神首先是爱岗敬业，其培育的关键是劳动者人生观和价值观的再塑造。唯物史观认为，劳动是人类存在的第一个前提和基本条件，没有劳动就没有人类，也没有人类社会，更不会有人类文明的延续、进步与发展。有别于动物的本能活

① 曾美海，罗同昱：《论古代工匠精神的价值内涵》，《贵州社会主义学院学报》，2016 年第 4 期，第 46—47 页。

动，人类的劳动是一种自由自觉的创造性活动，通过劳动，人类一方面改造了自然，创造了物质财富，另一方面也把自己的精神世界呈现出来，是实现自我的方法和途径。因此，劳动不应该仅仅是人们谋生的手段，而应该有更高的价值追求，这种追求的集中体现就是对自身人格的塑造。

王阳明认为，人生头等大事是“成圣”，“圣人之所以为圣，只是其心纯乎天理而无人欲之杂。犹精金之所以为精，但以其成色足而无铜铅之杂也”[①]。圣人追求与职业工种无关，任何人都能通过“致良知”实现对理想人格的追求。“致良知”使工作不再只是谋生的手段，工作的更高意义是对人格的完善，这就可以提高工匠工作的神圣感和成就感，有利于打破传统观念中的职业贵贱观，为工匠精神的培育提供坚实的伦理学基础。

第二，“心即理”为工匠精神培育提供了心理学依据。王阳明认为，心是身的主宰。劳动过程表面上看是劳动者通过手艺和技术生产产品，但本质上是劳动者主观意志外化的过程，这个过程离不开心的主导作用。工匠需要“用手”，更需要“用心”，只会用手的是“机器人”，会用手更会用心的才是真正的工匠大师。因此，从心上用功是培育工匠精神的根本。“心即理”作为阳明心学的基础性命题，包括正心、用心、恒心三层含义，对匠心培育具有直接借鉴意义。具体体现如下：

首先，正心是工匠精神的前提。被誉为“经营之圣”的日

① 王守仁:《传习录上》,《王阳明全集》卷一，第24页。

本企业家稻盛和夫说过："缺乏对工作高度的热爱就不可能取得卓越的成果。"[①] 工作者的劳动态度决定了产品的质量，因此，对劳动者而言，无论从事任何职业，都应该先做到正心。正心就是去除私欲的遮蔽，以良知来面对日常工作，以高度的责任感和热情投身于工作，这是工匠精神的前提和基础。

其次，用心是工匠精神的关键。俗话说"细节决定成败"，工匠精神在实践中就体现为对细节的精准把握。王阳明曾说："道无精粗，人之所见有精粗。如这一间房，人初进来，只见一个大规模如此；处久，便柱壁之类一一看得明白；再久，如柱上有些文藻，细细都看得出来。然只是一间房。"[②] 同样一间房，用心的人可以看清细节，不用心的人只能看到一个大概，这正是大师和普通劳动者的区别所在。用心就是要专注于自己的业务，一门心思深入，掌握细节。

最后，恒心是工匠精神的保证。古人认为技艺的最高境界是"道技合一"，达到这个境界需要持续不断地练习，如庄子笔下的庖丁、欧阳修笔下的卖油翁，都是持续精进、熟能生巧的典范。大发明家爱迪生也曾说过："我从来不做投机取巧的事情。我的发明除了照相机，没有一项是由于幸运之神的光顾。一旦我下定决心，知道我应该往哪个方向，我就会勇往直前，一遍一遍地试验，直到达到我的目的。"[③] 凡事能持

① 稻盛和夫：《活法》，曹岫云译，东方出版社，2010年版，第87页。
② 王守仁：《传习录上》，《王阳明全集》卷一，第18页。
③ 付守永：《工匠精神成为一流匠人的12条工作哲学》，机械工业出版社，2016年版，第65页。

之以恒，这是许多人成功的诀窍，也是工匠精神养成的必经之路。

第三，“知行合一”和“事上磨炼”为工匠精神培育提供了实践方法。工匠精神不是一天两天就能练就的，需要持续的努力，更需要大量的实践。“知行合一”就是要坚持良知，勇于实践，在工作中不浮躁，不凑合，不被短期利益所诱惑，始终以产品质量为重。“事上磨炼”强调工作本身就是一种自我修炼，工作过程就是修行，顺境逆境皆是考验。当工作超越了谋生意义，劳动者才能在工作中时刻心存敬畏，倾注全部的心血和精力，不断磨炼自己、超越自己。

当然，阳明心学对当代企业管理者而言，也具有以下启示作用。

第一，企业要确立正确的价值观，发挥精神引领作用。企业价值观是企业文化的核心内容。统观世界上经营成功的企业，共同之处在于它们都有远大而崇高的使命，而非以盈利为唯一目的，这样才能激发企业员工产生源源不断的精神动力。阳明心学中的“致良知”思想有助于企业确立正确的价值观，激发员工的责任感和使命感，为工匠精神培育创造良好的文化氛围。

第二，建设以人为本的管理文化，激发企业的活力，为工匠精神培育提供制度保障。良知就是性，就是道，也是王阳明在《大学问》中强调的“一体之仁”，其实质正是对于人的自我价值的尊重和关怀，这在管理哲学中被升华为“以人为本”的经营理念。阳明心学中的“一体之仁”和“致良知”等思想有利于企业建立“以人为本”的管理制度，对激发企业的活力、培育工匠精神都能起到很好的作用。

本书结语

从心理科学上讲，意识支配人的行为，对内心精神世界的探索是未来人类生命科学研究的重要内容。阳明心学作为中华优秀传统文化的代表，吸收了儒释道三家有关心性修养的众多精华，对现代心理学、教育学、管理学、政治学、生命科学等都有很好的参考意义，其当代价值远远超过本书所讨论的范围。例如，“知行合一”对落实社会主义核心价值观的价值，阳明心学与现代心理健康教育的关系等都有待进一步发掘。

当然，任何事情都有两面性，我们在看到阳明心学价值的同时，也要对其不足保持清醒的认识。例如，阳明心学强调个体的良知体验，但在现实生活中，这种体验带有很大的个人主观性，个体如果过分依赖个人经验，就会有脱离社会现实的风险，如阳明后学中的何心隐、李贽等就有类似的倾向。另外，王阳明视“治心”为治世之基础，伦理道德色彩过重，如果缺乏法律的强制手段，就很容易失去最终的保障和实效性。此外，伴随着近几年社会上的“阳明热”，不少人士为了迎合大众，趁机把阳明心学包装成成功学或事功学大肆贩卖，有把阳明心学庸俗化的倾向，这些现象都应该引起我们的警惕。

党的十九大报告提出：“要推动中华文明创造性转化、创新性发展，激活其生命力，让中华文明同各国人民创造的多彩文明一道，为人类提供正确精神指引。”一种思想只有与时代结合，才能永葆生机。阳明心学在当代也必须要努力做到创造性转化和创新性发展，保持与时俱进，才能焕发活力。这是时代的呼唤，也是阳明心学的内在精髓所在。

主要参考书目

[1] 陈来:《有无之境：王阳明哲学的精神》，北京 : 北京大学出版社，2002 年 1 月。

[2] 董平:《王阳明的生活世界——通往圣人之路》(修订版)，北京：商务印书馆，2018 年 4 月。

[3] 杜维明:《青年王阳明：行动中的儒家思想》，北京：生活·读书·新知三联书店，2017 年 10 月。

[4] 度阴山:《知行合一王阳明（1472—1529）》，北京：北京联合出版公司 ,2014 年 5 月。

[5] 方志远:《王阳明：心学的力量》，北京 : 商务印书馆，2019 年 10 月。

[6] 冈田武彦:《王阳明大传：知行合一的心学智慧》，重庆 : 重庆出版社，2015 年 2 月。

[7] 冈田武彦:《王阳明与明末儒学》，吴光，钱明，屠承先译，重庆 : 重庆出版社，2016 年 11 月。

[8] 耿宁:《人生第一等事：王阳明及其后学论“致 良知”》，北京：商务印书馆，2014 年 10 月。

[9] 郦波:《五百年来王阳明》，上海：上海人民出版社，

2017 年 8 月。

[10] 梁启超:《梁启超讲读王阳明心学》，北京：当代世界出版社，2018 年 10 月。

[11] 钱穆:《阳明学述要》，北京：九州出版社，2010 年 1 月。

[12] 秦家懿:《王阳明》，北京：生活 • 读书 • 新知三 联书店，2017 年 1 月。

[13] 束景南:《阳明大传：“心”的救赎之路》，上海：复旦大学出版社，2020 年 2 月。

[14] 束景南:《王阳明年谱长编》，上海：上海古籍出版社，2017 年 11 月。

[15] 束景南，查明昊:《王阳明全集补编》，上海：上海古籍出版社，2016 年 7 月。

[16] 王觉仁:《王阳明心学》，北京：民主与建设出版社，2015 年 6 月。

[17] 王守仁:《王阳明全集》，吴光，钱明，董平，姚延福编撰，上海：上海古籍出版社，2012 年 12 月。

[18] 王守仁:《王阳明集》，王晓昕，赵平略点校，北 京：中华书局，2016 年 3 月。

[19] 吴震:《〈传习录〉精读》，上海：复旦大学出版社，2011 年 1 月。

[20] 熊毅:《王阳明：一切心法》，北京：北京联合出版公司，2018 年 1 月。

[21] 燕山刀客:《王阳明传：知行合一的心学圣人》，北京：中国友谊出版公司，2019 年 2 月。

[22] 周月亮：《王阳明心学》，北京：北京联合出版有限公司，2018 年 5 月。

[23] 杨国荣：《王阳明》，北京 : 北京大学出版社，2020 年 3 月。

后　记

生活中，每个人都有自己追求的目标，但真的静下心来想想，幸福才是每个人内心的渴求。那么，幸福是什么？不可否认，物质财富、地位对一个人的幸福可能具有重要的意义，但并非必要条件，因为不同的人在不同时期对幸福会有不同的答案。例如对年轻的情侣而言，幸福可能就是甜蜜的爱情；对躺在床上的病人而言，幸福就是健康的体魄；对独居的老人而言，幸福可能就是亲人的陪伴；对迷失在沙漠中的探险者而言，幸福也许就是远处的绿洲……由此可见，幸福并不能用单纯的外物来衡量。究其原因，幸福其实是人的一种主观感受，是一个人对自己当下存在状态的满足心态。

心态取决于人看问题的角度。当下的存在状态既包括客观物质层面，也包括主观精神层面。一个人心中如果有过分的悔恨、自责、恐惧、渴望等情绪的存在，就不可能有自我满足的感受。因此，满足心态存在的前提既包括了当下，也暗含了过去，甚至牵涉到了未来。说到底，满足心态的关键就是看一个人是否能够心安理得地面对自己过去、现在和未来的人生。

什么是人生？如果进行细分，人生就是一个又一个的选择延续，既包括考大学、工作、买房、结婚等“大事”，也包括吃早餐、晨跑、读书、发呆等“小事”。这些看似松散、琐碎的选择其实相互关联，环环相扣，最终促使事情朝着某个方向发展，并构成了我们在某个时刻的存在状态。因此，如何选择对一个人的人生具有至关重要的意义。假如一个人每次都能作出恰当的选择，当他走到生命尽头的时候回顾一生，就可以非常欣慰地告诉自己：“我已经把自己该做和能做的都尽力做了，我心中已经没有遗憾。”这样的人生何其畅快！这样的人生难道不是最大的幸福吗？

历史上能拥有这样人生的人其实并不多，但也不是没有，王阳明就是其中的一个。表面上看，王阳明是一个头顶巨大光环的成功者，他成就了历史上少见的“真三不朽”，有着光彩照人的一面，但真正走进王阳明的真实生活，才发现他的人生其实充满了坎坷。青年时期的他连续两次落第，二十八岁才考中进士，立志成为圣贤却找不到方法，想要建功立业却得不到机会；中年时期的他得罪权贵被贬贵州险些丧命，赤胆忠心为国为民却遭到诬陷，平定叛乱、才能出众得不到重用；晚年的他刚享受到天伦之乐就被迫出征，学问成熟却来不及广泛传播，身死异乡反被剥夺功名。而且终其一生，他都被肺疾折磨，常常是强打精神、带病工作，身心疲惫却无法及时休养。很难想象一个拥有如此艰难人生的人，却能在临死前微笑着说出：“此心光明，亦复何言？”是什么力量能让他笑对人生？其中隐藏着什么秘密？

答案就是良知之道，这是王阳明耗尽一生发明、完善的学说。如果用一句话概况阳明心学的本质，可以说它是一门教人如何做正确选择的学问。人生如同江河上的一只小船，无论是随波逐流还是逆水行舟，其本质都是不断作选择的过程。其中真正关键的地方在于如何能作出正确的判断，确保小船每次都能够劈风斩浪、勇往直前。良知之道就是人生中那个随时能起到保驾护航作用的利器，王阳明曾自豪地对学生讲述自己学说的用途，他说："近来信得'致良知'三字，真圣门正法眼藏。往年尚疑未尽，今自多事以来，只此良知无不具足。譬之操舟得舵，平澜浅濑，无不如意，虽遇颠风逆浪，舵柄在手，可免没溺之患矣。"

当然，需要说明的是，阳明心学并不是某些人说的成功学，"致良知"也未必能让人获得世俗意义上的成功。"致良知"的真正价值在于作出符合良知的抉择，让我们可以坦然面对自己的人生。

现实生活中，我们每个人可能都会犯错，我们的内心在某个时刻或多或少都曾经迷茫过。古人说读书的目的是明理，明理就是心灵不断由迷茫走向觉醒的过程。当觉醒替代了迷茫，幸福离我们就会越来越近。学习阳明心学的过程，就是使我们内心不断觉醒的过程，这是一条通往幸福的道路。

在写作过程中，我得到了很多人的帮助和启发。深圳市龙笛智能设备有限公司董事长蒲宗阳先生对我启发很大。蒲先生也是一名阳明心学爱好者，他待人真诚、热情，为人豁达，对阳明心学有独到的体会，曾经说过：“生活和工作中要求别人做到的，自己先要做到。想要影响别人，首先要把自己变成一块烧红的铁，周围的人能感受到你的温暖，自然就会靠拢过来。”从蒲先生身上我看到了阳明心学的魅力。另外，写作过程中我也得到了赵晓斌等老师的支持和帮助，他们为我提供了很多电子文献，加快了本书的写作进度。在此一并表示感谢。

2022年9月写于杭州